Umweltfreunde 4

Ein Sachbuch
für die Grundschule

Herausgegeben von
Inge Koch

Erarbeitet von
Ulrike Blumensath
Anke Gretzschel
Rüdiger Horn
Inge Koch

Unter Einbeziehung der Ausgabe von
Inge Koch
Rolf Leimbach

Unter Mitarbeit
der Cornelsen-Redaktion

VOLK UND WISSEN

Umweltfreunde 4

Herausgegeben von
Inge Koch

Erarbeitet von
Ulrike Blumensath, Anke Gretzschel, Rüdiger Horn, Inge Koch

Unter Einbeziehung der Ausgabe von
Inge Koch, Rolf Leimbach

Begutachtet von
Thomas Arnold (Limbach-Oberfrohna), Sylvia Arnold (Hohndorf), Ulrich Gard (Trier),
Christine Köller (Woldegk), Benita Otto (Saalfeld), Bernd Willems (Trier), Annett Zilger (Dresden)

Redaktion: Britta Frosina, Michael Venhoff
Bildredaktion (Foto): Franziska Becker
Illustrationen: Uta Bettzieche (Detektiv und Hund, Kapitelvignetten) 40; Hajo Blank 93 (1, 2); Silvia Graupner 5, 13, 21,
29, 35, 47, 73, 79, 87, 97, 107; Gabriele Heinisch 8, 11, 12, 20 (r.), 22, 23, 27, 28, 32 (o.), 34 (o. l., o. r. 3), 38, 39, 41, 43,
46 (1, 3), 52, 54, 55, 62, 63, 67, 74 (u.), 85 (1), 86, 96, 106 (l.), 110, 112 (1, 2); Katharina Knebel 10, 20 (l.), 24, 25, 30 o. (1–5),
34 (o. r. 1–2), 46 (2), 74. 85 (2), 108; Cleo-Petra Kurze 30 (o. 3); Sandra Menke 74 (M.); Catharina Westphal 42, 109;
Karl-Heinz Wieland 14, 15, 66, 80, 81, 82, 100, 101; Hans Wunderlich 18, 19, 30 (M., u.), 31, 32 (u.), 33, 34 (u.), 64, 72,
76, 77, 78, 83, 90, 91, 92, 93 (3, 4), 94, 95, 98, 99, 102, 103, 104, 105, 106 (r.), 111, 112 (3)

Umschlaggestaltung: tritopp, Berlin; Katharina Knebel (Illustration)
Uta Bettzieche (Detektiv und Hund)
Layout und technische Umsetzung: tritopp, Berlin

www.vwv.de

Dieses Werk enthält Vorschläge und Anleitungen für Untersuchungen und Experimente.
Vor jedem Experiment sind mögliche Gefahrenquellen zu besprechen. Beim Experimentieren
sind die Richtlinien zur Sicherheit im naturwissenschaftlichen Unterricht einzuhalten.

1. Auflage, 3. Druck 2020

© 2017 Cornelsen Verlag GmbH, Berlin

Alle Drucke dieser Auflage sind inhaltlich unverändert
und können im Unterricht nebeneinander verwendet werden.

Druck: AZ Druck und Datentechnik GmbH, Kempten

ISBN 978-3-06-080739-0 (Schülerbuch)
ISBN 978-3-06-080755-0 (E-Book)

PEFC zertifiziert
Dieses Produkt stammt aus nachhaltig
bewirtschafteten Wäldern und kontrollierten
Quellen.

PEFC
PEFC/04-31-2260

www.pefc.de

Inhalt

In der Schule

Was war, was ist, was wird kommen?

Wir lernen mit dem Smartboard.

Alte und neue Schulgeschichten

 Beschreibe die Fotos von der Einschulung. Was hat sich bis heute nicht verändert? Lies die Texte. Vergleiche mit deiner Schulzeit.

Uroma besuchte die Schule von 1929 bis 1937. Sie hatte jeden Tag einen langen Schulweg. Sie musste vom Stadtrand ins Zentrum laufen. In der Schule unterrichtete ein Lehrer mehrere Klassen gleichzeitig in einem Raum.

Oma kam 1956 in die erste Klasse. Sie war stolz auf ihren braunen Ranzen, die Schiefertafel zum Schreiben und den Griffelkasten. Oma besuchte die Schule bis zur 10. Klasse und lernte dann den Beruf der Schneiderin.

 Erkläre den Zeitstrahl.

1925 ••••• 1930 ••••• 1935 ••••• 1940 ••••• 1945 ••••• 1950 ••••• 1955 ••••• 1960 ••••• 1965 •••••

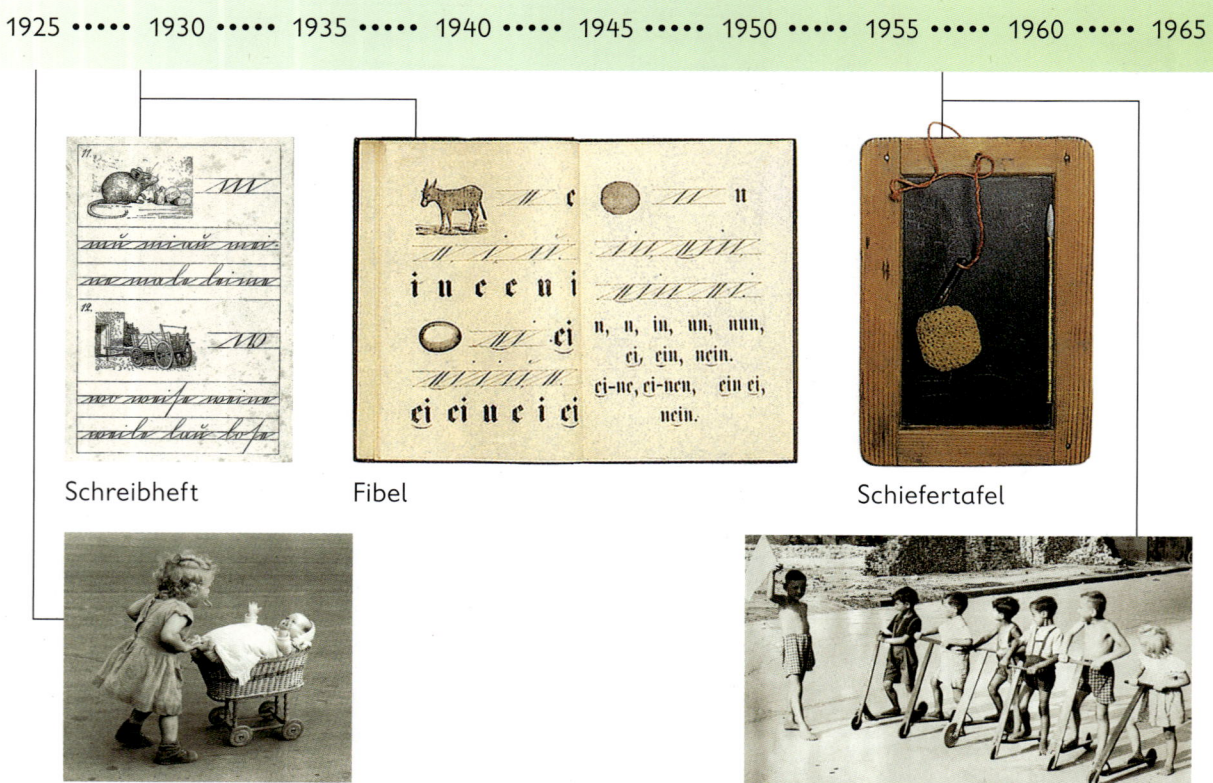

Schreibheft   Fibel   Schiefertafel

Schulleben früher und heute vergleichen (Mitgestaltung, Regeln, Schulstrukturen, Lernbedingungen); Entwicklung von Schule mithilfe von Zeitleisten darstellen

Meine Mutter kam 1981 zur Schule.
Viele Kinder ihrer Klasse kannte sie schon
aus dem Kindergarten. In den Ferien
fuhr sie oft in ein Ferienlager.
Nach dreizehn Jahren machte
meine Mutter Abitur.

Ich bin Louisa und wurde 2014
eingeschult. Ich konnte schon ein wenig
lesen und am Computer schreiben.
Ich gehe gern zur Schule.
Später möchte ich Lehrerin werden.
Meine beste Freundin heißt Clara.

970 ••••• 1975 ••••• 1980 ••••• 1985 ••••• 1990 ••••• 1995 ••••• 2000 ••••• 2005 ••••• 2010 ••••• 2015

Fibel   Schulfüller

LEICHTER LERNEN

Mit Bildern lernen
- Finde zu Ereignissen von
  früher Fotos oder andere
  Bilder. So merkst du dir
  die Inhalte besser.

MITMACHEN UND NACHDENKEN

3 Frage in der Familie
nach „Schulgeschichten".
Fertige dazu einen Zeitstrahl
an und beschrifte ihn.

Lernen ist ein Kinderrecht

 1 Lies den Text.
Schreibe Stichwörter auf.
Besprecht, warum das Recht
auf Bildung wichtig ist.

Jedes Kind in unserem Land hat das Recht
und auch die Pflicht, in die Schule zu gehen.
Es gilt die allgemeine Schulpflicht.
Das bedeutet, dass alle Kinder ab einem
bestimmten Alter eine bestimmte Zeit lang
zur Schule gehen müssen. Das war früher
nicht so, denn diese Schulpflicht gibt es für
ganz Deutschland erst seit etwa 100 Jahren.
Zuvor mussten Kinder nicht zur Schule gehen.
Aber es gab schon Schulen und auch Privat-
lehrer. Viele Menschen lernten aber nur
voneinander. Die armen Leute konnten
oft nicht lesen, schreiben und rechnen.

Stell dir vor, du würdest das nicht können.
Was wäre für dich dann nicht möglich?
Das sagen Schülerinnen und Schüler
einer 4. Klasse über das Lernen.

Ich strenge mich
in der Schule an.
Ich will mal
Tierärztin werden.

Lernen ist
manchmal anstrengend,
aber nicht in Mathe.
Mathe mag ich.

Ich finde
Schule toll. Ich mag
die Lehrer und
die Kinder in
meiner Klasse.

Mama
sagt immer:
„Wenn du
was nicht weißt,
kannst du fragen.
Und wenn du was
nicht kannst,
probiere es so
lange, bis du
es kannst."

Hausaufgaben
machen, macht
keinen Spaß.

Lernen hilft dir, die Welt
um dich herum zu verstehen.
Du lernst über Dinge
nachzudenken.
Mit deinem Wissen und Können
machst du dich selbst stark.

Einhaltung von Rechten und Pflichten einschätzen und diskutieren; in Kenntnis
seines „Weltbildes" analoge Aspekte in den Welten anderer Menschen erkunden

Die Beispiele zeigen, wie das Recht auf Bildung in anderen Ländern umgesetzt wird.

Indien – Asien

Viele Kinder in Indien können nicht lesen und schreiben. Dafür gibt es mehrere Gründe, zum Beispiel fehlendes Lernmaterial. Um allen Kindern das Recht auf Bildung zu sichern, beschloss die Regierung: Alle Schulkinder sollen einen Computer oder ein Tablet und kostenlosen Zugang zu ihrem Lernstoff bekommen. Indien ist das erste Land, das einen solchen Beschluss ermöglichen will.

Angola – Afrika

In Angola herrschte fast 30 Jahre Krieg. Viele Menschen lernten nicht lesen und schreiben. Jetzt sollen alle Kinder mindestens sechs Jahre eine Schule besuchen. Nuria geht in eine **Dorfschule**. Es gibt kaum Arbeitsmaterial. Nachmittags muss Nuria mit ihrer Mutter Wasser aus einer weit entfernten Wasserstelle holen und die Jungen aus Nurias Klasse helfen auf den Feldern mit.

China – Asien

In China hat das Lernen eine große Bedeutung.
Der Schulbesuch ist streng geregelt.
In der Klasse von Chian sitzen 40 Schülerinnen und Schüler.
In der Klasse ist es still. Die Kinder diskutieren kaum miteinander.
Die Lehrkräfte sind streng.
Die Kinder lernen viel auswendig.

MITMACHEN UND NACHDENKEN

2 Besprecht: Warum ist Lernen für euch wichtig?

3 Notiere, was du über das Recht auf Bildung aus den Texten erfahren hast.

4 Informiert euch über Schulen und Lernen in anderen Ländern der Welt. Gestaltet ein Plakat.

Einhaltung von Rechten und Pflichten einschätzen und diskutieren; in Kenntnis seines „Weltbildes" analoge Aspekte in den Welten anderer Menschen erkunden

9

Und wie geht es nach der Grundschule weiter?

1 Die Kinder berichten, welche Schule sie nach der Grundschule besuchen möchten. Was meint ihr zu den Aussagen der Kinder?

Ich möchte auf das Gymnasium gehen, weil mein Freund da ist.

Mein Traumberuf ist Ärztin, daher möchte ich das Abitur machen.

Ich gehe zur Gemeinschaftsschule. Danach würde ich gern Verkäuferin werden.

Zur Gesamtschule laufe ich nur fünf Minuten. Da möchte ich gern hingehen.

Ich kann gut schwimmen und möchte aufs Sportgymnasium.

Ich möchte nach der Regelschule eine Lehre als Mechatroniker machen.

Schulen und ihre Abschlüsse

Sich einen Überblick über weiterführende Schulen verschaffen
(Schularten und mögliche Bildungswege)

Der Sachunterricht bereitet dich auf viele neue Fächer ab Klasse 5 vor.

Mensch – Natur – Technik:
Du lernst, wie Menschen mit der Hilfe von Wissenschaft und Technik Lebensräume beeinflussen und verändern.

Geografie:
Du lernst, wie die Erde und die Erdoberfläche aufgebaut sind und wie Menschen in den Ländern auf der Erde leben.

Geschichte:
Du lernst, wie Menschen in der Vergangenheit lebten, arbeiteten und wie sie die Welt veränderten.

In den folgenden Klassenstufen kommen noch andere neue Fächer hinzu, in denen du dein Wissen aus dem Sachunterricht anwenden kannst, zum Beispiel in den Fächern Biologie, Chemie, Physik und Informatik.

MITMACHEN UND NACHDENKEN

2 Schreibe auf: Welchen Beruf möchtest du später erlernen? Welche Schulform würdest du am liebsten besuchen?

3 Betrachte die Übersicht über die Bildungswege in Thüringen. Welche Schulabschlüsse kannst du nach 9, 10 oder 12, 13 Schuljahren machen?

4 Erkundige dich, wann ein Schulwechsel zwischen den Schulformen möglich ist.

Schule ist schööön. Ich will noch mal in die Schule.

Gern zur Schule gehen

 Wähle Aufgaben aus. Forsche nach.

1 Die Schulzeit beurteilen

Befrage einen Erwachsenen, was ihm
an seiner Schulzeit gefallen hat.
Notiere drei Antworten.

Erstellt in der Klasse eine Hitliste.

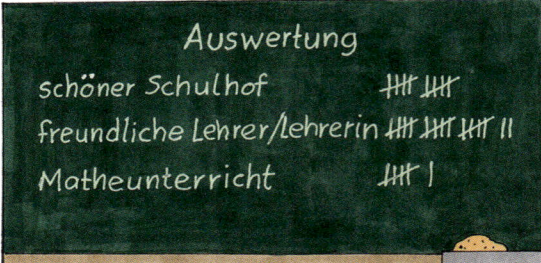

Was an der Schulzeit gefällt	
1	?
2	freundliche Lehrer/ Lehrerinnen
3	
4	
5	
6	
7	
8	
9	
10	

Auswertung

schöner Schulhof	卌 卌
freundliche Lehrer/Lehrerin	卌 卌 卌 II
Matheunterricht	卌 I

Was trifft aus der Liste
auch für eure Schulzeit zu?

2 Gruppenarbeit

Diese Kinder arbeiten gern in der Gruppe zusammen.

Finde die Sitzordnung der Kinder bei der Gruppenarbeit heraus.
Zeichne die Tischplatte ab und schreibe die Namen auf die Tischkarten.
- Anton sitzt neben Emma.
- Luzie und Anton sitzen sich gegenüber.
- Jonas sitzt nicht neben Luzie und auch nicht neben Ava.
- Jonas kann Ava direkt in die Augen schauen.
- Emma und Finn sitzen sich gegenüber.
- Rechts von Ava sitzt ein Junge.

Schulleben früher und heute vergleichen; an der Gestaltung der Klassen- und Schulgemeinschaft mitwirken;
soziale Gemeinschaft fördern

Im Herbst

Was gibt es im Wald zu entdecken?

Sammelbehälter,
Naturführer, Fernglas...

Der Wald als Lebensraum

1 Welche Tiere leben in den Stockwerken des Waldes?

Stockwerke im Mischwald

A Baumschicht

B Strauchschicht

C Krautschicht

D Moosschicht

E Bodenschicht

1 Rotbuche

2 Kiefer

3 Eberesche

4 Gewöhnliche Haselnuss

5 Holunder

6 Efeu

7 Wurmfarn

8 Wald-Sauerklee

9 Steinpilz

10 Waldmeister

11 Katharinenmoos

12 Gewöhnliches Sternmoos

13 Habicht

14 Tagpfauenauge

15 Waldameise

16 Springschwanz

MITMACHEN UND NACHDENKEN

2 Die Rotbuche ist ein Laubbaum. Er kommt sehr häufig in den Wäldern Thüringens vor. Beschreibe das Aussehen einer Rotbuche.

3 Wähle ein Tier des Waldes aus. Halte zu diesem Tier einen Kurzvortrag.

Beziehungen zwischen den Lebewesen im Lebensraum Wald beschreiben; Wildtiere erkennen, sich über Lebensweise und Aussehen informieren

In deutschen Wäldern gibt es über 70 verschiedene Baumarten. Die häufigsten Baumarten sind Fichte, Buche, Eiche und Birke. Wälder sind die Heimat tausender unterschiedlicher Tierarten, die meisten davon gehören zu den **Insekten**.
Um den Lebensraum zu nutzen und zu erhalten, wird in Deutschland großer Wert auf den Schutz der Wälder gelegt. Fast die Hälfte der Bäume unserer Wälder wachsen in Schutzgebieten.

3

14

5

6

7

9

16

15

8

10

Beobachtungen im Wald

Jahr für Jahr folgen die Jahreszeiten Frühling, Sommer, Herbst und Winter aufeinander. Die Bewohner des Waldes haben sich den Jahreszeiten angepasst. Beobachten wir zwei Waldbewohner: Rotbuche und Eichhörnchen.

 Betrachte die Bilder und beschreibe sie.

Herbst

Die Rotbuche speichert in der Rinde, im Holz und in den Wurzeln Nährstoffe. Die Blätter des Baumes färben sich gelbrot und fallen allmählich ab. Jetzt sind die stachligen Früchte der Rotbuche reif. Sie enthalten **Samen**: die ölhaltigen Bucheckern.
Die Eichhörnchen sind im Herbst besonders fleißig. Sie sammeln viele Bucheckern und andere Samen als Vorräte für den Winter und verstecken sie im Boden. Im Herbst bekommen die Eichhörnchen ein dichteres, etwas gräuliches Winterfell und die hübschen Ohrenpinsel beginnen zu wachsen.

> Bekomme ich auch ein Winterfell?

Winter

Die Rotbuche ist von Schnee und Kälte umgeben. Der Baum hält **Winterruhe**. Er braucht nur wenige Nährstoffe. Weil die Blätter fehlen, benötigt er kaum Wasser und ist dadurch vor Frost geschützt.
In einer Astgabel des Baumes befindet sich ein Kobel, das Nest eines Eichhörnchens. Das Nest ist innen weich und warm ausgepolstert. Dort hält das Eichhörnchen Winterruhe. Es schläft sehr viel, sucht aber mindestens jeden zweiten Tag nach Nahrung. Manchmal findet es seine Vorräte wieder, die es im Herbst vergraben hat.

Beziehungen zwischen Lebewesen im Lebensraum Wald in Abhängigkeit von den Jahreszeiten beschreiben (Rotbuche und Eichhörnchen)

Frühling

Aus den kleinen rotbraunen Knospen der Rotbuche entwickeln sich junge Triebe mit Blüten und Blättern. Beim **Austreiben** verbraucht die Rotbuche gespeicherte Nährstoffe. Sie nimmt jetzt auch wieder Wasser mit den Wurzeln auf.
Am Baum flitzt ein Eichkater einer Eichkätzin hinterher. So werden männliche und weibliche Eichhörnchen genannt.
Bald wird es Nachwuchs geben. Meist bringt die Eichkätzin drei bis vier Junge im Kobel zur Welt. Sie sind noch nackt, taub und blind. Die Mutter säugt und versorgt sie acht Wochen lang.
Nach drei Monaten suchen die jungen Eichhörnchen ihre Nahrung selbst.

Sommer

Jetzt steht der Baum in voller Blätterpracht. Die Früchte reifen. Der Baum wächst in die Höhe und Breite, auch die Wurzeln wachsen. Sie halten den Baum fest im Boden. Außerdem versorgen sie den Baum mit Wasser und Nährstoffen. Die Buche ist Lebensraum für viele Tiere. Bei großer Hitze ruhen die Eichhörnchen im Schatten der Bäume in ihrem Kobel und lassen oft „alle Viere" nach unten baumeln. Im Sommer gibt es reichlich Nahrung: Früchte, Samen, Pilze, Vogeleier, sogar Schnecken und Insekten.

LEICHTER LERNEN

Sich Bilder zu Texten vorstellen oder malen

- Das Vorstellen oder das Malen von Bildern zu einem Text hilft dir, ihn besser zu verstehen.

MITMACHEN UND NACHDENKEN

2 Wähle einen Text zu einer Jahreszeit aus. Erzähle.

3 Wählt ein Tier des Waldes aus. Schreibt auf, wie es in den Jahreszeiten lebt.

Den Wald nutzen und bewahren

 Betrachte die Bilder. Berichte über die Bedeutung des Waldes.

Wälder sind Erholungsorte

Im Wald ist es still. Die Bäume spenden Schatten und verbessern die Luft.

Wälder liefern wertvollen Rohstoff

Das Holz der Bäume ist Baumaterial für Fenster, Türen, Möbel und vieles mehr. Holz ist auch der Grund-stoff für Papier und Holzkohle.

Wälder liefern uns Nahrungsmittel

Einige Pilze und Beeren, die im Wald wachsen, kann man essen. Das Fleisch von Wildtieren ist ein wertvolles Nahrungsmittel.

Bedeutung und Nutzen des Waldes für den Menschen beschreiben;
Maßnahmen zum Naturschutz begründen, Erkundungsaufträge erfüllen

Wälder bieten Lärm- und Sichtschutz

Wälder fangen Schall auf. Schon ein 100 Meter breiter Streifen Wald dämmt Lärm genauso gut wie eine Lärmschutzwand.

Wälder sichern fruchtbaren Boden

Wälder sind Lebensräume für Tiere und Pflanzen

In unseren Wäldern gibt es mehr als 7 000 Tierarten und etwa 1 200 verschiedene Arten von Pflanzen, dazu viele Pilzarten.

Die Wurzeln der Bäume verhindern, dass der Boden durch Wasser weggespült wird. Moose und andere Pflanzen saugen das Regenwasser auf. Es sickert langsam in den Boden und bildet wertvolles Grundwasser.

MITMACHEN UND NACHDENKEN

2 Betrachtet die Abbildung „Wälder sichern fruchtbaren Boden". Warum ist der Wald ein Regenfänger und Wasserspeicher?

3 Erkundet, wie ein Wald in eurer Nähe genutzt wird. Nutzt das Internet. Schreibt, fotografiert und zeichnet dazu.

Papier aus Holz

🌈 **1** Wählt Aufgaben aus. Forscht nach.

1 „Holz" für Schulhefte

In Deutschland wird Holz unter anderem zu Papier verarbeitet.
Das Holz kommt aus etwa 130 Ländern zu uns.
Um Papier zu produzieren, werden zum Beispiel
in Deutschland, Kanada, Finnland, Schweden und
Russland unzählige Bäume gefällt.
Papier zu sparen schont Wälder, Wasser,
Luft und Boden.

Diskutiert: Wie könntet ihr Papier sparen?

2 Papiersorten

Auf Seite 2 deines Schul-
buches steht, auf welchem
Papier das Buch gedruckt
wurde.
Erkläre, was das Logo
bedeutet.

3 Bäume wachsen langsam

Ehe ein Baum groß und mächtig ist
und geerntet werden kann,
vergehen Jahrzehnte.

Buche	130–160 Jahre	Fichte	80–100 Jahre
Eiche	100–150 Jahre	Kiefer	80 Jahre

Berechne:

• Wann könnten die Bäume
gepflanzt worden sein, die heute
gefällt werden?
• Wann können die Bäume
geerntet werden, die heute
gepflanzt werden?

Warum heißt es:
Forstwirte planen
heute schon
für die Zukunft.

Miteinander leben

Wie sollten Menschen miteinander umgehen?

Jung und Alt leben zusammen

1 Hier treffen Alt und Jung zusammen.
Was beschäftigt die Menschen in ihren Gesprächen? Erzähle.

Den Umgang von Menschen verschiedenen Lebensalters im Alltag diskutieren: Akzeptanz und
Toleranz üben, sich gegenüber anderen Personen rücksichtsvoll verhalten

2 Beschreibe den Umgang zwischen jungen und älteren Menschen.
Nenne Beispiele, in denen sie achtungsvoll miteinander umgehen.

Jedes Kind hat Rechte

1 Das Bild zeigt, welche Rechte alle Kinder auf der Welt haben sollten.
Erzählt zu dem Bild.

Alle Menschen haben Rechte.
Recht bedeutet: Es steht dir etwas zu,
das dir nicht verweigert werden kann.
In der Erklärung der Menschenrechte
der Vereinten Nationen von 1948 heißt es:
Alle Menschen sind gleich und frei. Sie sollen sich
in Freundschaft begegnen. Jeder hat das Recht
auf Leben, Freiheit und Sicherheit der Person.
Kinder brauchen noch zusätzlichen Schutz.
Deshalb beschlossen die Mitglieder der Vereinten
Nationen im Jahr 1989 das Übereinkommen
über die Rechte des Kindes. Das Übereinkommen
heißt auch UN-Kinderrechtskonvention.
Das große Bild zeigt dir die beschlossenen Rechte
der Kinder aus dieser Konvention.

INTERESSANT

Im Jahr 1945 gründeten
50 Staaten einen Bund,
die Vereinten Nationen
(englisch: United Nations,
abgekürzt: UN).
Die Organisation setzt
sich für Frieden und Freiheit
auf der ganzen Welt ein.
Heute gehören über 200
Staaten der UN an – fast
alle Länder der Welt.

Einhaltung von Rechten und Pflichten einschätzen und diskutieren; in Kenntnis
seines „Weltbildes" analoge Aspekte in den Welten anderer Menschen erkunden

ein sicheres Zuhause

Freizeit

Spiel

Schutz der Gesundheit

Ausbeutung

viele Kinder.

in einer Fabrik

und sexueller

arbeiten

wirtschaftlicher

In der Welt

als Rikschafahrer

als Teppichweberin

Betreuung bei Behinderung

Fast alle Staaten der Erde haben den Vertrag über die Rechte der Kinder unterzeichnet. Doch noch immer werden täglich Rechte der Kinder verletzt. Deshalb setzen sich viele Menschen für Kinder ein. So gibt es das Kinderhilfswerk **UNICEF** (englisch: **U**nited **N**ations **I**nternational **C**hildren's **E**mergency **F**und). Es hilft Kindern und Müttern auch in Notsituationen.

unicef
für jedes Kind

MITMACHEN UND NACHDENKEN

2   Benenne alle Kinderrechte, die du im Bild entdeckst.

3   Welches Recht ist dir besonders wichtig? Begründe deine Meinung.

4   Informiert euch im Internet über die Kinderrechte, zum Beispiel unter fragFINN.de, Helles-Koepfchen.de oder hanisauland.de.

Alle sind besonders

1 Jeder ist einzigartig. Jeder ist anders.
Sprecht über die Fotos und Texte.

Ich nehme den Fahrstuhl. Da bin ich schneller unten.

Nils hat braune Augen
und kann **komponieren**.

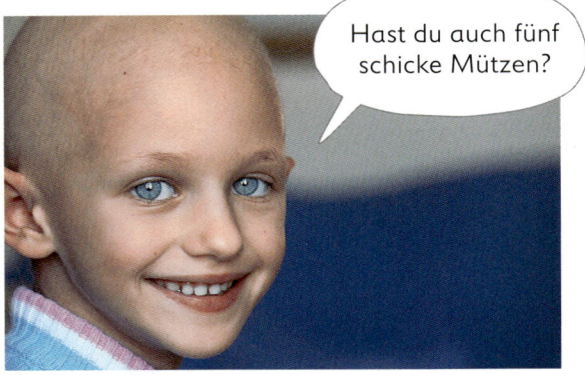

Hast du auch fünf schicke Mützen?

Mia ist groß
und schreibt so gut.

Sommersprossen sind total cool.

Jonas hat Sommersprossen
und ist fit auf der Gitarre.

Ich will nicht immer Pippi Langstrumpf spielen!

Agnieszka hat rote Haare
und denkt sich tolle Geschichten aus.

Ich trage nur blaue Socken.

Oleg hat braune Haare
und malt die schönsten Bilder.

Hast du auch schon Zahnwechsel?

Lena ist klein
und kann super gut singen.

Über die Einzigartigkeit jedes Menschen philosophieren, das Leben von Menschen
mit geistiger und körperlicher Behinderung akzeptieren und tolerieren

Louisa aus der 4 b arbeitet gern mit Jonas
und Lena im Schulgarten.
Das erzählt Louisa über ihre Zusammenarbeit
mit den beiden.

 Jonas hat manchmal
keine Ausdauer. Wenn er
zum Beispiel beim Ernten
der Radieschen helfen soll,
will er sich nicht bücken.
Er rennt zu den anderen,
die vielleicht gerade harken.
Dann hole ich ihn zurück
und sage ihm, dass man auch schon in der vierten
Klasse Ausdauer bei einer Arbeit haben muss,
auch wenn sie anstrengend ist.

Lena macht immer mit, am liebsten alles allein.
Sie schaut sich oft an, was andere Kinder machen,
und sagt dann: „Das kann ich auch!"
Aber es gelingt ihr nicht immer.
Lena sagt auch, sie sei ein Downi.
Das habe ich zuerst gar nicht gemerkt.
Aber nun habe ich mit ihrer Mutter gesprochen
und weiß mehr darüber.
Sie hat das **Down-Syndrom**, da braucht sie
für alles mehr Zeit.

 Das kann ich auch!

LEICHTER LERNEN

Über Themen diskutieren
- Bei Diskussionen tauscht
  ihr eure Meinungen aus.
- Dabei kannst du
  die Meinung anderer
  zu einem Thema
  kennenlernen.
- Du kannst lernen,
  frei zu sprechen.

MITMACHEN UND NACHDENKEN

2 Stellt Regeln auf: Wie können Kinder
mit all ihren Besonderheiten
gut miteinander auskommen?

3 Diskutiert zu diesen Sätzen:
Jeder Mensch
- hat andere Begabungen und
  Fähigkeiten,
- sollte anerkannt werden,
- hat das Recht,
  sich mit seinen Besonderheiten
  in das tägliche Leben einzubringen.

Über die Einzigartigkeit jedes Menschen philosophieren, das Leben von Menschen
mit geistiger und körperlicher Behinderung akzeptieren und tolerieren

27

Weltweite Hilfe

 Wähle Aufgaben aus. Forsche nach.

1 Sich informieren

Wasserbrunnen für Dorf in Äthiopien

Hilfsgüter sind unterwegs nach …

Ich arbeite für „Ärzte ohne Grenzen".

Heute gibt es eine Sondersendung über Flüchtlingshilfe.

Informiere dich in Medien oder durch Gespräche, wie Menschen anderen Menschen helfen und zur Seite stehen. Berichte davon.

2 Kinder können helfen

Überall auf der Welt gibt es Kinder, die in Armut leben. Sie leiden Hunger und werden oft krank, weil es zu wenig Ärzte und kein sauberes Wasser gibt. Sie müssen unter erbärmlichen Bedingungen leben, wohnen und arbeiten. Auch bei uns gibt es arme Menschen. In **Tafel-Läden** können sie Lebensmittel bekommen.

Forscht nach, welche Möglichkeiten es gibt, armen Kindern zu helfen. Bei **www.fragFINN.de** findet ihr unter dem Stichwort „Kinder helfen Kindern" auf vielen Seiten zahlreiche Anregungen.

Im Winter

Wie kann man Schall erzeugen?

Schall breitet sich aus

Mit deiner Stimme, mit Instrumenten oder anderen Gegenständen kannst du Töne, Klänge und Geräusche, sogar einen Knall erzeugen. Das nennt man auch Schall.

Schall ist schnell: Er breitet sich mit fast 340 Metern pro Sekunde aus.

Schallausbreitung

 Betrachte die Abbildung. Versuche, sie mithilfe des Textes zu erklären.

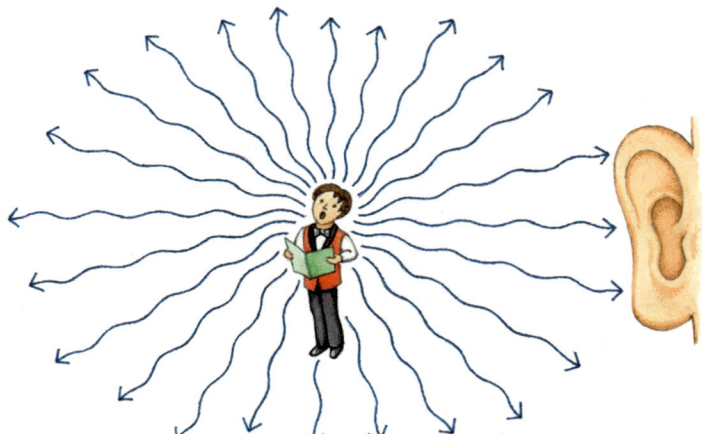

1 Schallquelle: Ein Mensch singt.

2 Schallwellen: Der Schall wird durch die Luft wellenförmig in alle Richtungen weitergetragen.

3 Zuhörer: Die Ohrmuscheln fangen den Schall wie ein Trichter auf. Dann wird der Schall durch das Mittelohr in das **Innenohr** geleitet.

 Du kannst die Verbreitung von Schallwellen sichtbar machen. Führe das Experiment durch. Schreibe ein Protokoll.

Und wie machen wir …

WAU!

… die Geräusche?

Schallwellen sichtbar machen   EXPERIMENT

Du brauchst:
- Tamburin
- Schlegel
- Schüssel
- Klarsichtfolie
- Gummiband
- Salz oder Reis

Gehe so vor:
- Spanne die Klarsichtfolie über die Schüssel. Befestige sie mit Gummiband.
- Lege einige Salz- oder Reiskörner auf die Folie.
- Schlage in der Nähe mit dem Schlegel auf ein Tamburin. Beobachte.

Schall erkennen und wahrnehmen; Schallausbreitung kennenlernen; Vibration in verschiedenen Materialien (Holz, Metall) unterscheiden

S. 2/3

Musikinstrumente erzeugen Schall

Wenn du auf eine Trommel schlägst,
dann beginnt das Fell zu schwingen.
Die Schwingungen werden
als Schall über die Luft bis
zu unserem Ohr übertragen und
treffen dort auf das Trommelfell.
Das Trommelfell ist eine dünne
Membran. Sie gerät durch den Schall
in Schwingungen.

Auch Knochen und Flüssigkeit im Ohr übertragen den Schall weiter.
Signale werden an das Gehirn gesendet und dort ausgewertet.
Du hörst die Klänge und Geräusche.

Musikinstrumente klingen unterschiedlich. Ihre Töne, also der Schall,
werden ganz unterschiedlich erzeugt.

Blockflöte
Holzblasinstrument

Gitarre
Zupfinstrument

Violine
Streichinstrument

Trompete
Blechblasinstrument

Saxofon
Holzblasinstrument

Trommel
Schlaginstrument

MITMACHEN UND NACHDENKEN

3 Woher hat das Trommelfell seinen Namen?

4 Geübte Ohren können Instrumente an ihrem Klang erkennen.
Probiere es aus.

5 Erfinde selbst ein Experiment zur Schallübertragung.

Überall Töne, Klänge und Geräusche

Deine Augen kannst du schließen, deine Ohren aber nicht.
Ständig hörst du etwas.

Kinder in der Klasse haben überlegt, warum das Hören wichtig ist.

Ich kann jemanden an der Stimme erkennen.

Meine Ohren passen sogar auf, wenn ich schlafe.

Ich kann auch hören, was hinter mir passiert. Sehen kann ich das nicht.

Ich kann zuhören und weiß, was andere mir sagen.

Ich weiß, woher Geräusche kommen, die mich warnen, zum Beispiel wenn ein Auto hupt.

1 Probiere aus: Schließe die Augen
und erkenne die Stimmen von anderen Kindern.

Ich liebe das Blätterrauschen.

Wir brauchen unsere Ohren, um uns in unserer Umwelt
zurechtzufinden. Sie warnen uns vor Gefahren, helfen uns
bei der Orientierung und ermöglichen es uns,
miteinander zu sprechen und einander zuzuhören.

An unser Ohr dringen Geräusche,
die angenehm oder unangenehm sein können.
Je lauter sie sind, umso unangenehmer empfinden wir sie.
Die Lautstärke des Schalls wird in Dezibel (dB) gemessen.

Schall in unterschiedlicher Stärke wirkt sich auf unsere Gesundheit aus.

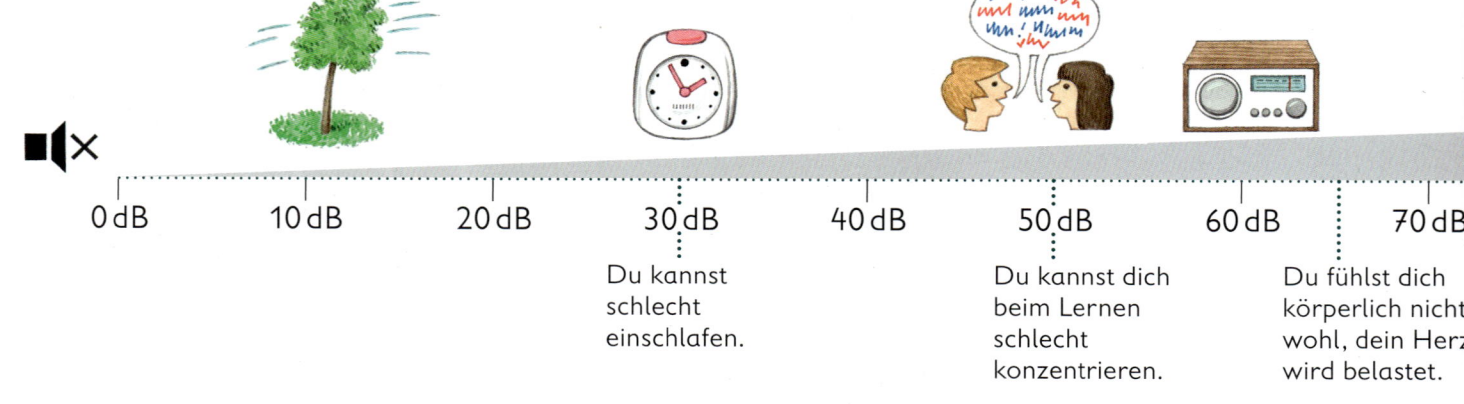

| 0 dB | 10 dB | 20 dB | 30 dB | 40 dB | 50 dB | 60 dB | 70 dB |

Du kannst schlecht einschlafen.

Du kannst dich beim Lernen schlecht konzentrieren.

Du fühlst dich körperlich nicht wohl, dein Herz wird belastet.

Schall erkennen und wahrnehmen; Leistungen des Ohres und Hörschädigungen besprechen;
Maßnahmen zum Schutz vor Lärm benennen

Was ist Lärm?

Sehr laute Geräusche sind Lärm. Lärm ist störend, belästigt uns, ist unangenehm und kann sogar wehtun. Es gibt einen Spruch, der sagt: „Lärm geht unter die Haut." Damit ist gemeint, dass wir Menschen durch Lärm nervös werden, das Herz schneller schlägt und wir uns nicht mehr wohlfühlen. Deshalb ist es wichtig, Lärm aus dem Weg zu gehen.

Ratschläge für deine Ohren, um Hörschäden zu vermeiden:

- Mache Schulaufgaben nicht bei Musik, sondern sorge für Ruhe im Raum.
- Höre nicht stundenlang Musik mit Kopfhörern.
- Benutze beim Telefonieren abwechselnd das rechte und linke Ohr.
- Halte bei unangenehmer Lautstärke die Ohren mit den Fingern zu.

MITMACHEN UND NACHDENKEN

2 Nenne Tätigkeiten, für die Menschen ein gutes Gehör brauchen.

3 Welche Geräusche in der Schule empfindest du als angenehm oder unangenehm? Schreibe eine Tabelle.
Diskutiert: Was könntet ihr selbst ändern, um unangenehme Geräusche zu vermeiden?

INTERESSANT

- Eine Trillerpfeife direkt am Ohr ist genauso laut wie der Start eines Flugzeugs (130 dB).
- Eine Spielzeugpistole im Abstand von 25 cm vom Ohr abgeschossen erzeugt 150 dB.
- Ein Silvesterrakete erzeugt 120 dB.

Bei zu viel Lärm können unheilbare Hörschäden auftreten.

| 80 dB | 90 dB | 100 dB | 110 dB | 120 dB | 130 dB | 140 dB | 150 dB |

Dein Gehör kann bei Dauerlärm geschädigt werden.

Du kannst schon nach kurzer Zeit Hörschäden bekommen.

Schall erkennen und wahrnehmen; Leistungen des Ohres und Hörschädigungen besprechen; Maßnahmen zum Schutz vor Lärm benennen

33

Höre genau zu

 Wähle Aufgaben aus. Forsche nach.

1 Stille Post

Spielt das Spiel „Stille Post" mit zehn Kindern.

Der erste Spieler denkt sich eine Nachricht aus und schreibt sie auf einen Zettel.
Diese Nachricht wird ins Ohr des Nachbarn geflüstert. Der gibt die Nachricht flüsternd an das Ohr des Nachbarn weiter.

Das Ergebnis wird mit dem Zettel verglichen.

Was stellt ihr fest?
Was zeigt euch das Ergebnis?

2 Besser hören, lauter sprechen

Probiere es aus.

Hörrohr

Sprachrohr

Stethoskop

Was stellst du fest?
Begründe dein Ergebnis.

3 Geräusche hören

Du brauchst: einen Wecker, ein Sofakissen, ein Tuch, einen Tisch

Gehe so vor: Lass den Wecker klingeln.

   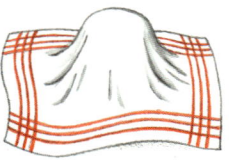

In der Hand   Auf einem Tisch stehend   Unter dem Sofakissen   Unter dem Tuch

Was hast du herausgefunden?
Denke an das Ergebnis: Wie kannst du Räume sinnvoll einrichten?

Das tut mir gut

Was kann ich tun, um gesund zu bleiben?

Wir sind viel draußen unterwegs.

Trinkt etwas Wasser und dann guten Appetit.

...viel lachen!

Ich lass die Seele baumeln.

Tipps für deine Gesundheit

 Bildet Gruppen. Jede Gruppe liest einen Tipp. Ergänzt die Inhalte.
Jede Gruppe trägt anschließend ihre Ergebnisse vor.

Krankheiten kündigen sich meist vorher an,
der Arzt sagt: Es zeigen sich „Symptome".
Du frierst, hast gar Schüttelfrost. Du fühlst dich
schwach oder hast Schmerzen. Das Essen schmeckt
nicht. Manchmal verändert sich auch die Haut –
sie juckt oder Pusteln erscheinen.
So wehrt sich der Körper gegen die Krankheit,
bei manchen Menschen zeigt sich Fieber.
Deshalb: Bei Krankheitszeichen sofort zum Arzt!

Essen und Trinken sind wichtig für unsere **Energie**
und unsere Gesundheit. Doch nicht alles, was schmeckt,
ist auf die Dauer gesund. Deshalb solltest du dich
über gesunde Ernährung informieren.
Vier Gefahren können beim Essen auftreten:
- zu wenig essen, um schlank zu bleiben,
- zu viel essen,
- sich einseitig ernähren,
- sich ungesund ernähren, nur Kartoffelchips,
  Tütensuppen oder Cola als Hauptnahrung.

Viele Kinder sitzen zu viel: in der Schule,
vor dem Computer, vor dem Fernseher.
Dein Körper braucht aber Bewegung.
Deshalb solltest du als Ausgleich Sport treiben. Es gibt
viele verschiedene Sportarten, die Spaß machen:
mit anderen Fußball spielen, schwimmen, Rad fahren,
laufen, wandern, skaten, Leichtathletik, Ballett,
Bogenschießen, Tischtennis …

Tägliches Waschen, Kämmen, Zähneputzen hilft dir,
gesund zu bleiben. Auch das regelmäßige Wechseln
der Kleidung trägt dazu bei.

Maßnahmen zur gesunden Lebensweise ableiten und nennen;
Bedeutung eines nachhaltigen Lebensstils beschreiben

Jeder Tag ist anders. Doch einige Ereignisse kehren immer wieder: die Mahlzeiten, das Schlafen, die Zeiten zum Lernen oder Spielen.
Regelmäßigkeit gliedert deinen Alltag, macht ihn übersichtlicher und du kannst dich daran orientieren. Hast du eine wiederkehrende Sache, die dir den Tag verschönt? Zum Beispiel vor dem Schlafengehen in einem Buch lesen.

Freundinnen und Freunde sind wichtig fürs Leben.
Mit ihnen kannst du den Tag verbringen, spielen,
ins Kino gehen. Du kannst sie um Rat fragen,
dich mit ihnen streiten und wieder vertragen.
Ihr könnt euch gegenseitig trösten und euch helfen.
Mit Freunden hast du Gemeinsamkeiten,
aber ihr seid auch unterschiedlich.
In einer Freundschaft werdet ihr euch nicht immer einig sein, aber Freunde und Freundinnen bieten uns Unterstützung und Halt in schwierigen Situationen.

Alkohol kann einen lustig werden lassen –
jedenfalls fürs Erste.
Am Anfang trinkt man nur wenig,
dann ein bisschen mehr und schließlich wird es
zur Gewohnheit, Alkohol zu trinken.
Am Ende kann man vom Alkohol nicht mehr lassen.
Dann ist man **süchtig**. Und meist merkt
die betroffene Person es gar nicht gleich.
Es gibt noch viele andere Süchte: Spielsucht am Computer, Handysucht, Naschsucht, Fernsehsucht, Magersucht. Wer süchtig ist, ist krank.

MITMACHEN UND NACHDENKEN

2 Stelle eine Liste zusammen, was du zur Körperpflege brauchst.

3 Womit könntest du deiner besten Freundin oder deinem besten Freund eine Freude machen?
Überlege dir etwas, das kein Geld oder nur wenig Geld kostet.

4 Zeichne eine Mind-Map zu den Gesundheitstipps.

Ein Gefühlswirrwarr

1 Betrachte die Mind-Map. Beschreibe die Situationen.
Kennst du auch solche Gefühle?

MAGISCH ANGEZOGEN

VERLIEBT SEIN

ROSAROTE BRILLE

FUSSBALL FAN

BEGEISTERT SEIN

SCHMETTERLINGE IM BAUCH

GEFÜHLE AUF UND AB

SICH HÄSSLICH FINDEN

SCHLECHTE LAUNE HABEN

EINFACH SO!

KEINE NACHRICHT

FRÖHLICH MAL SO

TRAURIG MAL SO

Über die Gefühlswelt in der Zeit der Pubertät sprechen;
z.B. Unsicherheit, Ängste, Zweifel, schlechte Stimmung, Euphorie verstehen lernen

FÜR EINEN POP STAR SCHWÄRMEN

KOCHEN LIEBEN

STRESS MICH NICHT!

Räum jetzt endlich auf, sonst...!

WÜTEND WERDEN

NIE DARF ICH...

Um 20:00 Uhr bist du zu Hause!

KEIN BOCK

Bring die Bücher weg!

ÜBERTREIBEN

ZUM TOTLACHEN

GEFÄHRLICH?

MITMACHEN UND NACHDENKEN

2 Schreibe die Gefühls-Wörter aus der Mind-Map auf.

3 Welche Wörter verbindest du mit angenehmen Gefühlen, welche mit unangenehmen Gefühlen? Ordne zu.

Über die Gefühlswelt in der Zeit der Pubertät sprechen;
z.B. Unsicherheit, Ängste, Zweifel, schlechte Stimmung, Euphorie verstehen lernen

S. 2/3   39

Pubertät – was ist das eigentlich?

 Schreibe unbekannte Wörter aus dem Text heraus.
Sucht gemeinsam im Glossar, in Büchern oder im Internet nach Erklärungen.

Pubertät ist die Zeit, in der sich ein Mädchen zur Frau und ein Junge zum Mann entwickeln. Du bist kein Kind mehr, aber auch noch kein Erwachsener. Das kann manchmal ganz schön schwierig sein. In dieser Zeit verändert sich dein Körper, außerdem ist im Kopf einiges los. Der Grund dafür sind Hormone. Sie verändern deinen Körper äußerlich. Manchmal spielen auch die Gefühle verrückt!
Spiele, die du vorher gerne gespielt hast, findest du jetzt einfach nur noch kindisch. Kleine Geschwister können nerven und manche Dinge sind plötzlich total peinlich. Deine Intimsphäre ist dir jetzt ganz wichtig. Wenn du das Gefühl hast, jemand tritt dir zu nahe oder bedrängt dich, sage laut und deutlich: „Ich möchte das nicht!"

Auch im Inneren deines Körpers verändert sich in der Pubertät sehr viel. Die Geschlechtsorgane entwickeln sich. Mädchen und Jungen sind nun geschlechtsreif. Weil dein Körper sich nur langsam an die starken Veränderungen gewöhnt, dauert die Pubertät mehrere Jahre.

Gefühle

Körperliche und psychische Veränderungen bei Mädchen und Jungen nennen

Äußerlich und innerlich

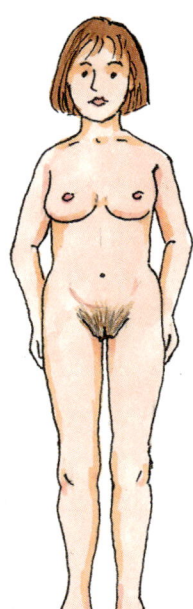

- Die Brüste wachsen.
- Haare wachsen unter den Achseln und an der Scheide.
- Der Körper wird weicher und runder.
- Das Becken wird breiter.

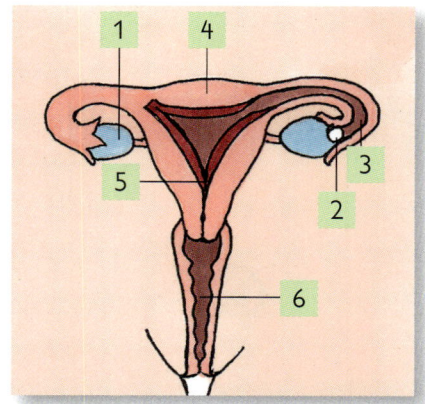

Bei Mädchen kann die Pubertät bereits mit zehn Jahren beginnen. Jeden Monat wird nun im Eierstock 1 eine Eizelle 2 reif. Sie wandert durch den Eileiter 3 in Richtung Gebärmutter 4 .

Dort hat sich eine gut durchblutete Schleimhaut 5 gebildet, in der sich eine befruchtete Eizelle einnisten kann.
Wird die Eizelle nicht befruchtet, wird die Schleimhaut abgebaut. Dabei fließt Blut aus der Scheide 6 . Diese Blutung dauert etwa vier bis fünf Tage. Man nennt sie auch Regel, Tage oder Menstruation. Ab der ersten Regel können Mädchen schwanger werden.

- Die Schultern werden breiter.
- Der Penis wächst.
- Der Kehlkopf wird größer, wodurch die Stimme tiefer wird (Stimmbruch).
- Haare wachsen am Kinn (Bart), unter den Achseln und am Penis.

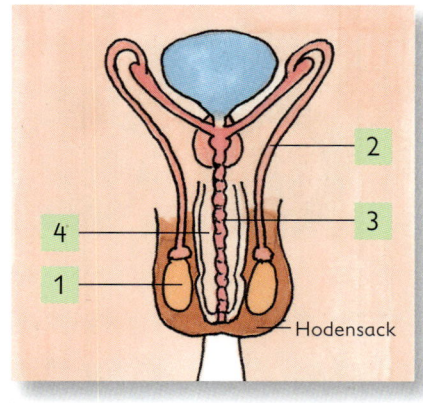

Hodensack

Bei Jungen beginnt die Pubertät meist etwas später als bei Mädchen. In den Hoden 1 bilden sich nun mehrere Millionen Samenzellen (Spermien). Über die Samenleiter 2 und die Harnröhre 3 fließen sie in den Penis 4 . Der Penis wird dann häufig im Schlaf steif und hart und es kommt zu einem Samenerguss. Dabei fließt die weiße Samenflüssigkeit aus dem Penis heraus. Vom ersten Samenerguss an können Jungen Kinder zeugen.

MITMACHEN UND NACHDENKEN

2 Erkläre, was sich bei Jungen und Mädchen in der Pubertät verändert.

Wie ein Baby entsteht

 1 Lies den Text. Betrachte die Bilder. Wie entsteht ein neues Leben?

Ein Baby entsteht, wenn eine reife Eizelle der Frau mit einer Samenzelle des Mannes zusammentrifft.

Aber wie kommt es dazu?

Wenn Mann und Frau sich sehr gern haben, dann streicheln sie sich und sind zärtlich zueinander. Beide wollen ganz nah zusammen sein. Sie haben Sex. Beim Sex wird der Penis des Mannes steif und gleitet in die Scheide der Frau. Das ist für beide ein wunderbares Gefühl. Dabei fließen viele Samenzellen aus dem Penis in die Frau und machen sich wie bei einem Wett-schwimmen auf den Weg zur Eizelle. Diese befindet sich im Eileiter.

Nur eine einzige Samenzelle schlüpft in die Eizelle hinein und befruchtet das Ei. Sie verschmelzen, die Eizelle ist nun befruchtet.

Ich habe die Zellteilung am Computer simuliert!

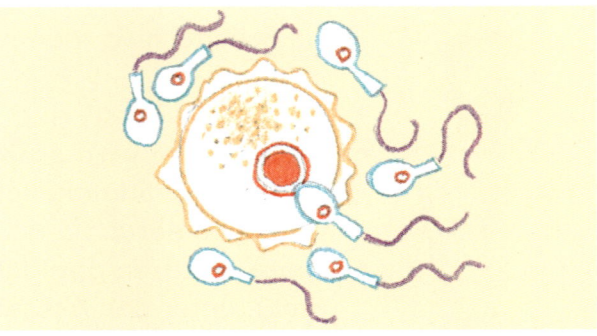

Eizelle und Samenzelle sind so klein, dass man sie nur unter dem **Mikroskop** sehen kann.

Die befruchtete Eizelle beginnt sich zu teilen. Erst in zwei Zellen, dann in vier und immer so weiter. Es entsteht ein kleiner Zellklumpen. Der nistet sich in der Gebärmutter ein. Anfangs nennt man das entstehende Lebewesen Embryo, nach neun Wochen Fötus und später schon Baby.

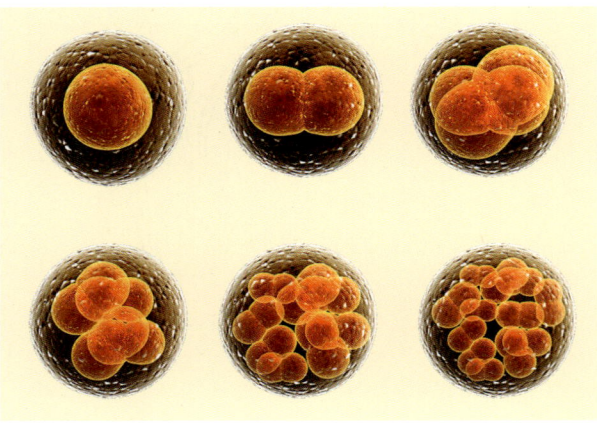

2 Lies den Text. Betrachte die Bilder. Wie entwickelt sich ein neues Leben?

1. Monat
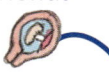

2. Monat
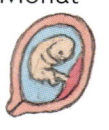

3. Monat
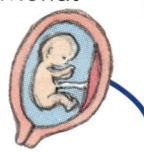

4. Monat
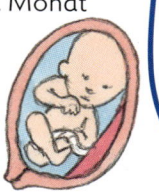

5. Monat
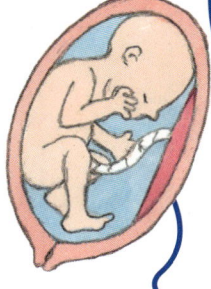

6. Monat
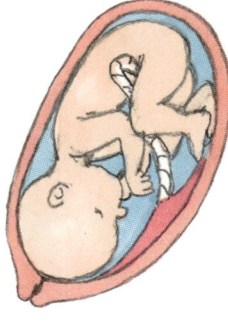

Das Baby entwickelt sich

Das Kind wächst in der Gebärmutter.
Dort ist es von einer festen Blase,
der Fruchtblase, umgeben. In der Fruchtblase
schwimmt das Kind im Fruchtwasser.
Das Wasser schützt das Baby zum Beispiel
vor Stößen oder zu lauten Geräuschen.
Wenn die Mutter läuft, wird es hin und her
geschaukelt wie in einer Wiege.
Die Schwangerschaft dauert neun Monate,
also etwa 40 Wochen. In der Zeit ist das Kind
über eine Nabelschnur mit der Mutter
verbunden. Über die Nabelschnur erhält
es Nahrung und Sauerstoff.
Alles, was die Mutter isst, trinkt und erlebt,
beeinflusst die Entwicklung des Kindes.
Eine gesunde Lebensweise der Mutter ist daher
für das Kind sehr wichtig.

7. Monat
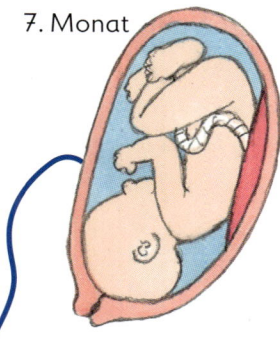

8. Monat
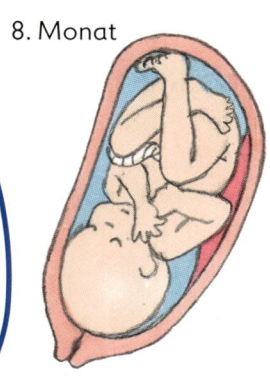

9. Monat
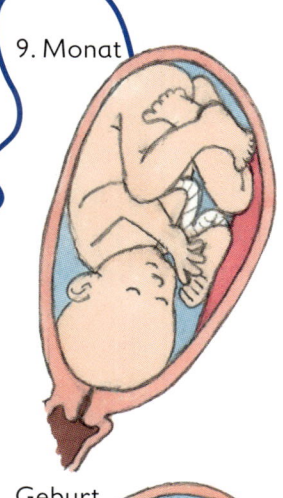

Geburt
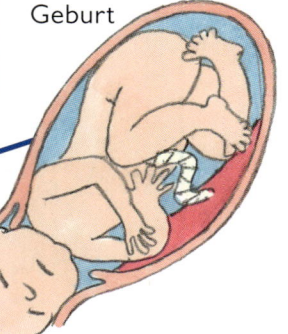

Das Kind ist kleiner als ein Apfelkern. Aber das winzige Herz schlägt schon!

Jetzt zeigen sich schon Kopf, Arme und Beine. Das Kind kann mit den Händchen greifen und den Füßen wackeln.

Das Kind hört Geräusche aus der Umgebung: Stimmen, Musik, das Herzklopfen der Mutter. Es ist etwa 25 cm groß. Auch ist zu erkennen, ob das Baby einen Penis oder eine Scheide hat.

Es schlägt Purzelbäume und strampelt.

Fast fertig! Das Kind ist nun etwa 40 cm groß. Es hat sich schon in die Geburtsrichtung gedreht.

Es geht los: Das Kind schiebt sich durch die Scheide der Mutter in Richtung Welt. Und mit dem ersten Schrei begrüßt es seine Familie.

Was ein Säugling braucht

 Was braucht ein Baby im ersten Lebensjahr? Erzähle.

Viel Schlaf

Babys schlafen bis zu 18 Stunden am Tag. Im Schlaf sammeln sie Kräfte, um die vielen neuen Eindrücke des Tages zu verarbeiten. Tag und Nacht kennen sie noch nicht. Deshalb werden sie nach mehreren Stunden Schlaf wach, melden sich und haben Hunger.

Regelmäßige Nahrung

Viele Mütter geben ihren Babys Muttermilch als erste Nahrung. Sie ist wertvolle Nahrung und enthält auch Abwehrstoffe gegen Krankheiten. Am Anfang wird das Baby etwa alle vier Stunden gefüttert, auch in der Nacht.

Regelmäßige Körperpflege

Ein Baby muss regelmäßig eine neue Windel bekommen, damit der Po nicht wund wird. Beim Wickeln wird der Po mit klarem Wasser oder Feuchttüchern gesäubert.
Sobald der Bauchnabel richtig verheilt ist, kann das Baby gebadet werden. Wenn es dabei planscht, fühlt es sich wohl.

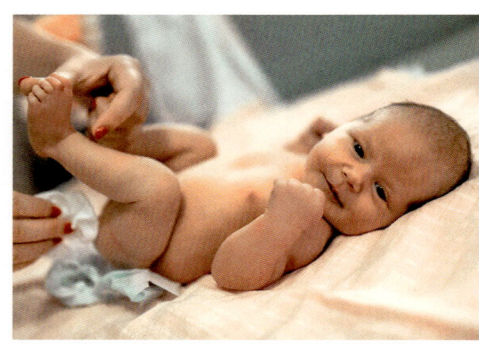

Hatte ich auch Windeln?

LEICHTER LERNEN

Informationen mit eigenen Worten wiedergeben

- Lies den Text mehrmals.
- Teile ihn in kleine Abschnitte ein.
- Schreibe zu jedem Abschnitt wichtige Wörter auf.
- Nutze diese Wörter, um den Text nachzuerzählen.

Frische Luft

Frische Luft ist auch für Babys gesund. Sie spüren den Temperaturunterschied zwischen der Wohnung und der Außenluft. Am besten ist die Luft im Grünen, zum Beispiel im Park. Die Babys können dann auch besser schlafen.

Spiel und Spaß

Schon mit zwei Monaten schaut das Baby kurze Zeit auf Gegenstände wie zum Beispiel ein Mobile über dem Bett oder die Cremetube beim Wickeln. Später dreht es den Kopf und lauscht, woher verschiedene Töne kommen. Es freut sich über kurze Kinderlieder, Fingerspiele, Reime … Schließlich kann es nach einigen Monaten sitzen und dann auch krabbeln.

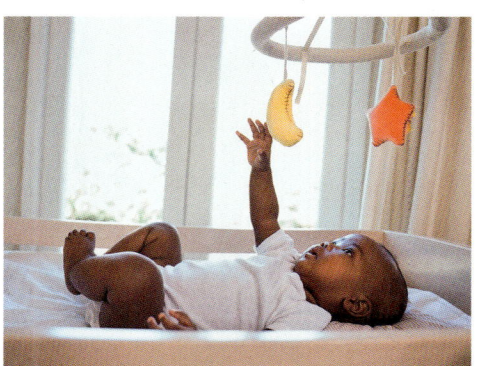

Viel Liebe und Zuwendung

Nähe und ein liebevoller Umgang sind für das Baby lebensnotwendig. Es braucht die Körperwärme, das Streicheln und den Körperkontakt zu vertrauten Menschen: Mutter, Vater, Geschwister, Großeltern …

Manche Eltern tragen ihr Baby deshalb unterwegs am Körper in einem Tuch oder Tragesack. Dort fühlt sich das Baby geborgen und sicher.

MITMACHEN UND NACHDENKEN

2 Frage deine Mutter nach deiner Geburt. Woran erinnert sie sich?

3 Wie verändert sich das Leben mit einem Baby für die Eltern und Geschwister? Diskutiert.

Was passiert im Körper?

 Wähle Aufgaben aus. Forsche nach.

1 Muskelkraft trainieren

Wie schnell deine Muskelkraft zunimmt, erkennst du an diesem Versuch.

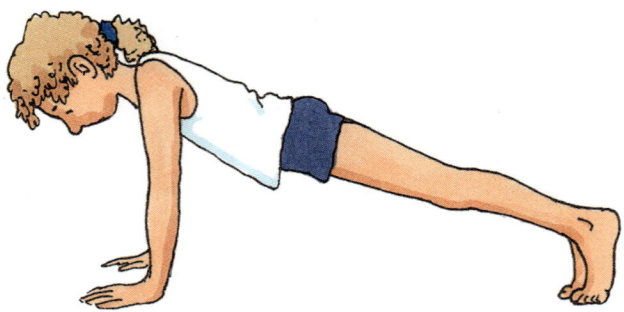

Übe jeden Morgen Liegestütze. Stütze dich nur mit Händen und Zehen vom Boden ab. Strecke und beuge die Arme.
Zähle, wie viele Liegestütze du am ersten und am zwanzigsten Tag schaffst, ohne abzusetzen.
Du wirst staunen.

2 Umgang mit Ärger

Immer ärgern mich die anderen. Jetzt brauche ich was Süßes.

Schreibe auf:
Was würdest du dem Kind raten?

3 Zwillinge

Wie entstehen eineiige und zweieiige Zwillinge? Forsche im Internet oder in Sachbüchern nach.

Maßnahmen zur gesunden Lebensweise besprechen: Sport, Umgang mit psychischen Problemen; über Entstehung von Zwillingen beraten

Kreuz und quer durch unser Land

Was macht den Freistaat Thüringen besonders?

Der Freistaat Thüringen in Deutschland

1 Arbeite mit der Karte.
Finde Thüringen und benenne die Nachbarländer.

DÄNEMARK

Ostsee

Nordsee

Kiel

Schleswig-Holstein

Mecklenburg-Vorpommern

Schwerin

zu Bremen

Hamburg

Elbe

Bremen

Niedersachsen

Branden-

Weser

Berlin

Sachsen-

Potsdam

burg

POLEN

Oder

NIEDER-LANDE

Hannover

Magdeburg

Anhalt

Nordrhein-

Düsseldorf

Elbe

Saale

Freistaat

Sachsen

Dresden

Westfalen

Freistaat
Thüringen

Erfurt

Hessen

BELGIEN

Rhein

Main

TSCHECHISCHE
REPUBLIK

Rheinland-

Wiesbaden

LUXEM-BURG

Mosel

Mainz

Pfalz

Saarland

Saarbrücken

Freistaat

Baden-

Stuttgart

Bayern

Donau

Württemberg

FRANKREICH

München

	Staatsgrenze
	Landesgrenze
▪	Bundeshauptstadt
●	Landeshauptstadt

0   50   100 km

SCHWEIZ

ÖSTERREICH

2 Erkläre den Unterschied zwischen Staatsgrenze und Landesgrenze.

Um das Zusammenleben der Menschen in Deutschland organisieren zu können, wurden unterschiedlich große Gebiete zu Landkreisen zusammengefasst. Mehrere Landkreise und kreisfreie Städte bilden dein Heimatland – den Freistaat Thüringen. Dieser wiederum gehört zur Bundesrepublik Deutschland. Mit dem Wort „Freistaat" soll betont werden, dass das Land von seinen freien Bürgern regiert wird.

Das kleinste Gebiet ist ein Ort mit unterschiedlich vielen Einwohnern: ein Dorf, eine kleine Stadt oder eine Großstadt.

Mehrere Orte mit ihrer Umgebung bilden einen Landkreis. Dieser hat eine Kreisstadt. Größere Städte sind meist kreisfreie Städte.

Welt
Europa
Bundesrepublik Deutschland
Bundesland
Landkreis
Ort
und kreisfreie Städte

Viele Landkreise und kreisfreie Städte bilden ein Bundesland wie den Freistaat Thüringen.

Alle Bundesländer in Deutschland bilden den Bund, genannt Bundesrepublik Deutschland. Deshalb heißen die einzelnen Länder auch Bundesländer.

Es gibt drei Städte, die auch gleichzeitig ein Bundesland sind: Berlin, Hamburg und Bremen/Bremerhaven.

 **MITMACHEN UND NACHDENKEN**

3 Finde heraus, wie viele Freistaaten es in der Bundesrepublik Deutschland gibt.

4 Nenne alle Bundesländer mit ihren Hauptstädten. Die Karte auf Seite 48 hilft dir dabei.

5 Betrachte das Schaubild. Erstelle ein solches Schaubild für deine Heimat.

Den Freistaat Thüringen kennen: territoriale Lage des Bundeslandes innerhalb Deutschlands, Europas und der Welt verstehen lernen

S. 2/3   49

Mit der Karte des Freistaates Thüringen arbeiten

 Finde bekannte Orte, Flüsse, Berge … auf der Karte.

Oberflächenkarte des Freistaates Thüringen

Landhöhen

- 750 m – 1000 m
- 500 m – 750 m
- 400 m – 500 m
- 300 m – 400 m
- 200 m – 300 m
- 100 m – 200 m

• 917 Höhenpunkt mit Höhenzahl

Erfurt Landeshauptstadt
● **Jena** kreisfreie Stadt
○ Gotha Kreisstadt
○ Themar sonstiger Ort
— Landesgrenze
Fluss
See
Profillinie

Niedersachsen · Harz · Sachsen-Anhalt · Hessen · Sachsen · Bayern

Nordhausen · Heiligenstadt · Sondershausen · Wipper · Unstrut · Hohe Schrecke · Haute-roda · Schmücke · Mühlhausen · Thüringer · Sömmerda · Becken · Gera · Werra · Eisenach · Gotha · Weimar · Apolda · Eisenberg · Altenburg · Pleiße · Erfurt · Jena · Gera · Weiße Elster · Inselsberg · 917 · Arnstadt · Ilm · Saale · Bad Salzungen · Gräfenroda · Großer Beerberg · 982 · Saalfeld · Schleiz · Greiz · Rhön · Suhl · Schwarza · Meiningen · Thüringer · Wald · Themar · Hildburghausen · Sonneberg

N

0 10 20 km

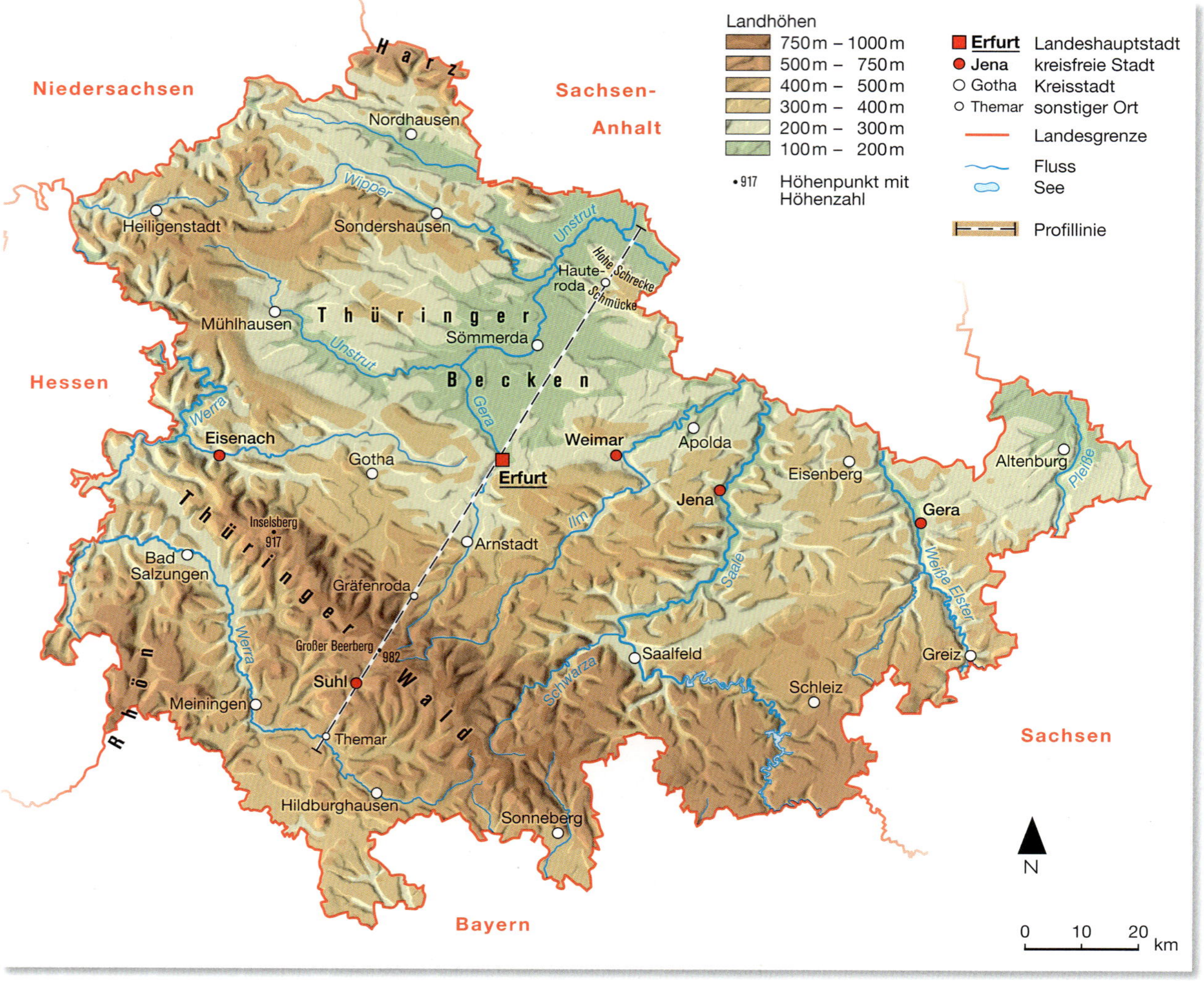

Die schwarze gestrichelte Linie (–––) auf der Karte kennzeichnet den Verlauf des unten abgebildeten **Geländeprofils**.

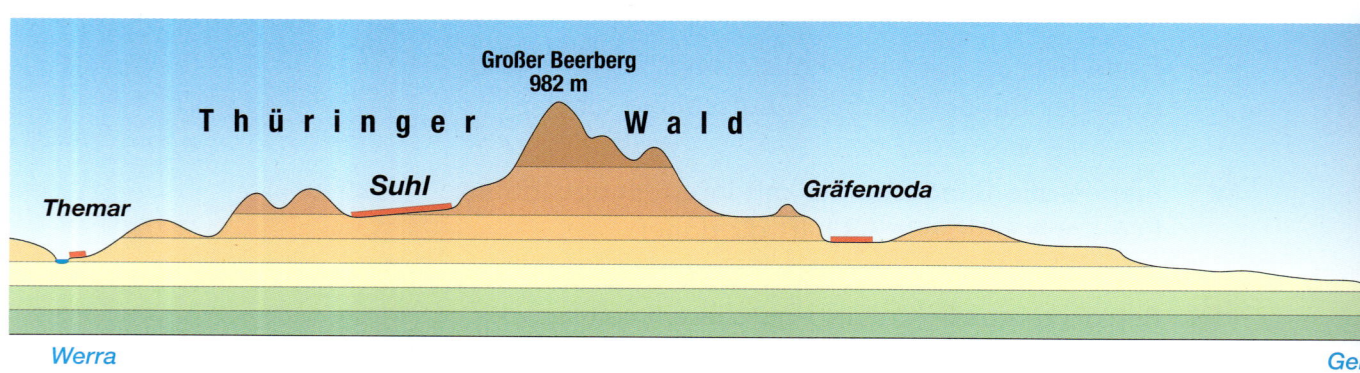

Großer Beerberg
982 m
Thüringer Wald
Suhl
Gräfenroda
Themar
Werra
Ger

Sich im Raum orientieren, mit Plänen/Karten arbeiten, sie als verkleinerte, vereinfachte, verebnete, zweidimensionale, thematisch geordnete Darstellung der Wirklichkeit verstehen

Die Karte ist eine verkleinerte, vereinfachte und verebnete Darstellung des Landes Thüringen. Was dort zu sehen ist, zeigt die Karte mithilfe von Farben und Zeichen.

Die Legende erklärt die verwendeten Farben und Zeichen:
- Verkehrswege sind als Linien zu sehen.
- Rote Flächen oder kleine, weiße Kreise sind Orte. Die Namen von großen und kleinen Orten unterscheiden sich auch durch die Schriftgröße.
- Blaue Linien oder Flächen zeigen Gewässer.

MITMACHEN UND NACHDENKEN

2 Zeige das angegebene Geländeprofil auf der Karte.
Vergleiche einzelne Punkte miteinander.
Erkläre die Farbgebung.

3 Löse die Aufgaben und präsentiere die Ergebnisse:
A In welcher Landschaft liegt dein Heimatort?
B Vergleiche Orte – ihre Größe, ihre Lage, ihre Entfernung zur Landeshauptstadt.
C Thüringen grenzt an andere Bundesländer. Benenne benachbarte Bundesländer.
D Wo liegen Gebirge? Umfahre ihre Flächen mit dem Finger. Nenne ihre Namen und beschreibe ihre Lage.
E In welchen Höhenlagen gibt es Gewässer? Benenne Flüsse.

LEICHTER LERNEN

Mit der Landkarte arbeiten
- Betrachte die Karte.
- Lies in der Legende, was die Farben und Zeichen bedeuten.
- Wähle eine Farbe und ein Zeichen der Legende aus.
- Finde sie auf der Karte.
- Erkläre, was sie dir sagen, zum Beispiel:
  - zur Landschaft,
  - zu dem Gewässer,
  - zum Verkehrsweg,
  - zur Entfernung zwischen Orten,
  - zur Lage eines Ortes,
  - …

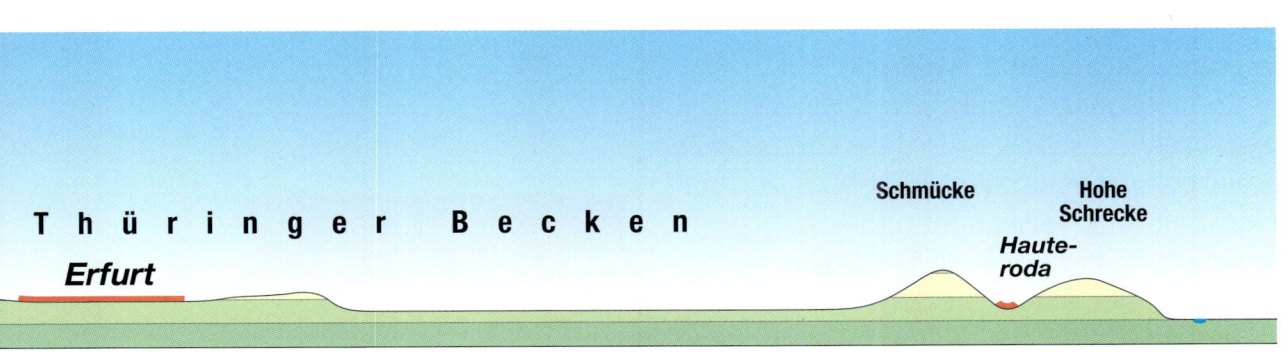

Thüringer Becken
Erfurt
Schmücke
Hohe Schrecke
Haute-roda
Unstrut

Unser Land Thüringen im Überblick

 1 Lest die Texte. Worüber möchtet ihr mehr erfahren?
Informiert euch und präsentiert eure Ergebnisse.

Der Freistaat Thüringen ist ein Bundesland in der Mitte
der Bundesrepublik Deutschland.

Fläche:	16173 km^2
Landeshauptstadt:	Erfurt
Bevölkerung:	etwa 2,1 Millionen
Bevölkerungs-reichste Stadt:	Erfurt
Gebirge:	Thüringer Schiefergebirge, Thüringer Wald, Kyffhäuser, Ohmgebirge …
Flüsse:	Saale, Werra, Unstrut, Ilm, Weiße Elster …

INTERESSANT

Die Größe der Städte
wird an der Einwohner-
zahl gemessen. Damit
sind Erfurt und Jena
die größten Städte
Thüringens.
Im Internet kannst du
unter **www.statistik.
thueringen.de**
die aktuellen Zahlen
nachlesen.
Die Einwohnerzahlen
verändern sich.

Der rot-weiß gestreifte Löwe mit goldener Krone
und goldenen Krallen auf blauem Grund
war einst das Zeichen der Thüringer **Landgrafen**.
Die acht weißen Sterne des Wappens stehen
für ehemalige Fürsten- und Herzogtümer,
aus denen Thüringen gebildet wurde.

Die Landesfarben sind Weiß und Rot.
Die Landesflagge besteht aus je einem
gleich breiten weißen und roten Längsstreifen.
Sie wurde bereits ab dem Jahr 1921
einige Zeit lang verwendet und ist
seit dem Jahr 1990 wieder **Tradition**.
Die Farben der Flagge beziehen sich
auf die Farben des Löwen im thüringischen Wappen.

Die Landschaften Thüringens sind sehr unterschiedlich.
Es wechseln sich große Waldflächen, weite Felder und Wiesen
mit Bergen und ihren Tälern und Schluchten ab.
Im Norden befindet sich der Harz und im Nordwesten eine bewaldete
Hügellandschaft – das Eichsfeld. Die Mitte Thüringens wird Thüringer Becken
genannt. Diese Region ist flach und fruchtbar. Dort werden Getreide,
Kartoffeln, Obst und Gemüse angebaut.
Das Thüringer Becken wird von mehreren kleinen Höhenzügen umschlossen.
Den Süden Thüringens prägen Gebirgslandschaften
wie der Thüringer Wald und das Thüringer Schiefergebirge.
Thüringen wird auch das „Grüne Herz"
der Bundesrepublik Deutschland genannt.

Niedrigste Punkte
Thüringens:
das Unstruttal zwischen
Wiehe und Rossleben
(114 m).

Flachste Gegend
Thüringens:
Thüringer Becken
in der Mitte des Landes.

Höchster Punkt
Thüringens:
Große Beerberg
im Thüringer Wald
mit 982 Metern Höhe.

Im Jahr 1990 wurde durch Messungen festgestellt, dass etwa 500 Meter
nördlich von Niederdorla der geografische Mittelpunkt Deutschlands liegt.
An diesem Ort wurde als Markierung eine Kaiserlinde gepflanzt
und ein Mittelpunktstein errichtet. Seitdem findet jährlich ein Fest
am Mittelpunkt Deutschlands statt.

 MITMACHEN UND NACHDENKEN

2 Warum ändern sich die Einwohnerzahlen von Städten?

3 Findet die Höhenlage eures Wohnortes und
den höchsten Punkt eures Landkreises heraus.

Unterwegs am Rennsteig

 1 Was gibt es am Rennsteig zu entdecken? Lest die Texte.
Betrachtet die Karte und die Bilder.

Von Hörschel bei Eisenach bis nach Blankenstein in Oberfranken verläuft der Rennsteig – das bedeutet „schneller Verbindungsweg". Seit Jahrhunderten benutzten ihn Händler und Soldaten, aber auch Maler und Dichter. Mit fast 170 Kilometern ist er der längste und beliebteste **Fernwanderweg** Deutschlands. Mehr als 100 000 Wanderer besuchen ihn jährlich. Er führt über den Kamm des Thüringer Waldes und des Thüringer Schiefergebirges sowie durch den nördlichen Frankenwald.

Der Rennsteig markierte früher die Grenzen der Gebiete verschiedener Landesherren. Bis heute gibt es mehr als 1300 uralte Grenzsteine. Der große Dreiherrenstein ist der Mittelpunkt des Rennsteigs. Hier trafen in seiner über 400 Jahre alten Geschichte Fürstentümer, Herzogtümer und Königreiche aufeinander. Er war Pass und **Zollstation** zugleich.

HESSEN

Werra

Hörschel
Eisenach

917m

Thüringer Wald

Oberhof

THÜRINGEN

975m
973m

Ilmenau

944m

Suhl

Rennsteig-Bahnhof

Großer Dreiherrenstein

Masserberg

Dreistrom-stein

Lauscha

Mit seiner 800 Meter langen Piste für Abfahrtsläufer und Snowboarder ist das Skigebiet Oberhof der meistbesuchte Ferienort im Thüringer Wald. Und das nicht nur im Winter! 365 Tage im Jahr bietet das weltbekannte Wintersportzentrum viele Sportmöglichkeiten wie Skilanglauf in der Skisporthalle oder Skispringen auf zwei großen Schanzenanlagen. Wenn es warm ist, werden die Schanzen mit Matten ausgelegt. Aus Oberhof kommen Weltmeister und Olympiasieger. Hier findet jährlich der Biathlon-Weltcup statt.

Eine Region vorstellen, ausgewählte Aspekte für den regionalen Lebensraum erörtern;
die aktuelle und historische Verflechtung mit anderen Orten erkennen

Am Rennsteig gibt es einen einzigartigen Punkt, an dem drei große **Einzugsgebiete** von Flüssen aufeinandertreffen. Dieser Punkt ist mit einer dreiseitigen Pyramide (Obelisk) gekennzeichnet, die seit 1906 dort steht: der Dreistromstein. Dieser markiert die **Wasserscheide** der drei Stromgebiete Elbe, Weser und Rhein. Der Untergrund des Denkmals wurde aus typischen Gesteinen der jeweiligen Gebiete gebaut (Elbe: Granit, Rhein: Quarz, Weser: Grauwacke).

In Lauscha entstand im Jahr 1597 die erste Glashütte. Glas aus Thüringen wurde weltbekannt: Christbaumschmuck, Glasaugen, Thermometer, Laborgeräte … Bis heute arbeiten dort Glasbläser mit den alten, traditionellen Handwerkstechniken und Werkzeugen, die schon vor 400 Jahren benutzt wurden.

Der **Topograf** Julius von Plänckner wanderte 1829 als Erster den Rennsteig von Blankenstein bis nach Hörschel. Aber erst 60 Jahre später wurde der Rennsteig durch den deutschen Schriftsteller August Trinius (siehe Foto) als Wanderweg bekannt. In der Zeit von 1886 bis 1902 schrieb Trinius die Buchreihe *Thüringer Wandersmann*, die vor allem vom Rennsteig handelt. Damit löste er die Reiselust der Thüringer Bürger aus. Von Trinius stammt auch der Satz „Thüringen – das grüne Herz Deutschlands".

Unsere Schutzgebiete

Schutzgebiete sind Gebiete, die wegen ihrer einzigartigen Natur
unter besonderem Schutz stehen. Dieser Schutz soll die Tier- und Pflanzenarten und
ihre Lebensräume erhalten. Schutzgebiete gibt es für verschiedenste Naturräume:
Wälder, Berge, Steppen, Feuchtgebiete, Seen und Meere.
In Thüringen gibt es einen **Nationalpark**, **Biosphärenreservate**,
Naturparke und **Natur- und Landschaftsschutzgebiete**.

 Erzähle zu den Schutzgebieten.
Lies über ihre Bedeutung im Glossar nach.

Kategorie		Anzahl
Nationalpark	✶	1
Biosphärenreservat (BR)	✶	2

Kategorie		Anzahl
Naturpark	✶	5
Natur- und Landschaftsschutzgebiet		321

✶ Die acht nationalen Naturlandschaften Thüringens

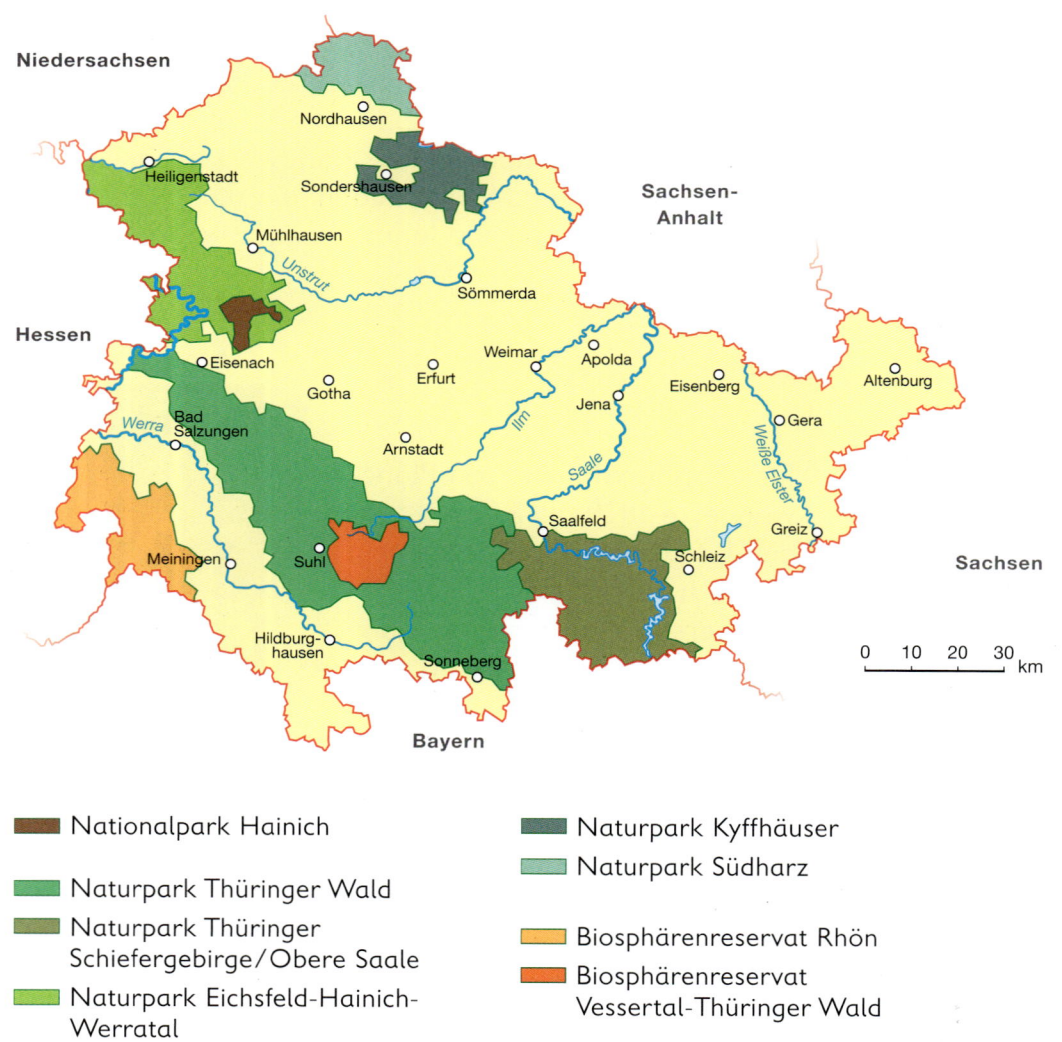

■ Nationalpark Hainich		■ Naturpark Kyffhäuser	
		■ Naturpark Südharz	
■ Naturpark Thüringer Wald			
■ Naturpark Thüringer Schiefergebirge/Obere Saale		■ Biosphärenreservat Rhön	
■ Naturpark Eichsfeld-Hainich-Werratal		■ Biosphärenreservat Vessertal-Thüringer Wald	

Geschützte Gebiete kennenlernen; Maßnahmen zum Schutz der Natur begründen;
sein Land in seiner Besonderheit und Schönheit annehmen

S. 10/11

Nationalpark Hainich

Der Hainich – ein Höhenzug im Dreieck der Städte Eisenach, Mühlhausen und Bad Langensalza – ist das größte Laubwaldgebiet Deutschlands. Im Süden befindet sich ein großer Nationalpark. Hier kann sich die Natur frei entfalten: Laubwälder mit uralten mächtigen Bäumen, junger Baumnachwuchs, Totholz, bewachsen mit Moosen und Pilzen … Dieser unberührte „Urwald mitten in Deutschland" ist Lebensraum vieler seltener Pflanzen und Tiere wie der Europäischen Wildkatze, des Uhus oder der Türkenbundlilie. Die Wildkatze ist streng geschützt.

■ Baumkronenpfad an der Thiemsburg

■ Europäische Wildkatze in Wäldern

Naturpark Kyffhäuser

Im Norden Thüringens liegt der Naturpark Kyffhäuser. Die Artenvielfalt ist groß: Hier sind seltene Pflanzen wie das Adonisröschen oder Federgras und Tiere wie der Kranich, die Wildkatze oder der Feuersalamander zu finden. Im Herbst rasten Tausende Kraniche in der Nähe des Kelbra-Stausees. Die einzigartige Landschaft lädt nicht nur zur Erholung ein. Zu besichtigen sind auch historische Sehenswürdigkeiten wie das Kyffhäuser-Denkmal und die **Barbarossa**-Höhle.

■ Kraniche suchen am Kelbra-Stausee nach Nahrung.

■ Die Barbarossa-Höhle beim Lichtfestival „World of Lights" 2015

Biosphärenreservat Rhön

Zwischen Bayern, Hessen und Thüringen liegt das „Land der offenen Fernen", wie das Biosphärenreservat Röhn auch genannt wird. Hier haben Menschen die Landschaft gestaltet. Neben Wiesen, Weiden und Buchenwäldern liegen Dörfer mit alten Fachwerkhäusern. Genutzt wird die Landschaft ganz naturnah. In den Hofläden der Bauernhöfe kann man täglich frische und gesunde Lebensmittel kaufen.

■ Röhnschafe pflegen die Landschaft

 **MITMACHEN UND NACHDENKEN**

2 Informiert euch über Schutzgebiete in der Nähe eures Ortes.

Geschützte Gebiete kennenlernen; Maßnahmen zum Schutz der Natur begründen; sein Land in seiner Besonderheit und Schönheit annehmen

S. 6/7   57

Unsere Landeshauptstadt Erfurt

 Wusstest du, dass man in Erfurt auf einer Brücke wohnen konnte?
Wusstest du, dass in Erfurt der größte Kinderspielplatz Thüringens steht?
Wusstest du, dass in Erfurts Altstadt eine Maus und ein Elefant stehen?

Kommt mit auf eine kleine Stadtrundfahrt!

Die Krämerbrücke wurde erst aus Holz und später aus Stein gebaut. Sie führt über die Gera und ist auf beiden Seiten durchgängig mit Häusern bebaut. Insgesamt stehen 32 Häuser auf der Brücke. In den Häusern sind meist kleine Handwerksgeschäfte. Im Haus Nummer 31 ist ein mittelalterlicher Keller aus dem 15. Jahrhundert zu besichtigen. Vom Fluss aus sieht man die gesamte Brücke sehr gut.

Vom Domplatz aus führen 70 Stufen hoch zum Dom und zur Severi-Kirche.
Der Dom ist die älteste und bedeutendste Kirche in Erfurt. Sehr schön anzuschauen sind die 15 großen Glasfenster, die sich aus insgesamt 1100 Scheiben zusammensetzen. Die meisten stammen aus dem Mittelalter.
Die katholische Severi-Kirche besitzt drei spitze, hohe Türme. Der hallenartige Innenraum ist reich an Kunstwerken.
Die Severi-Kirche und der Dom sind gemeinsam Wahrzeichen von Erfurt.

Die 900 Jahre alte **Synagoge** ist die älteste bis zum Dach erhaltene Synagoge Europas. Heute ist sie ein Museum, in dem über die Geschichte des jüdischen Lebens in Erfurt und den Bau der Synagoge erzählt wird.
In der Nähe der Synagoge wurde 1998 ein jüdisches Tauchbad (**Mikwe**) aus dem 13. Jahrhundert gefunden.

Einen Ort vorstellen: Sehenswürdigkeiten, Wirtschaft, Kultur, Besonderheiten;
Bedeutung für die Region erklären

In der Altstadt stehen alte Waidspeicher und Waidhäuser. Sie sind an den hohen Dächern mit Gauben zu erkennen. Dort wurden die getrockneten Blätter der Waidpflanze, aus denen man blauen Farbstoff für Stoffe gewann, gelagert und verarbeitet. Durch den Handel mit den Waidpflanzen wurde Thüringen reich. Als es andere, billigere Farben gab, ging der Handel mit den Waidfarbstoffen zurück. Der Waidspeicher in der Mettengasse ist heute ein Puppentheater.

Im Jahr 1277 begannen Augustiner- mönche mit dem Bau des Augustiner- Klosters. Zum Kloster gehören eine Kirche und eine große Bibliothek. 1505 trat Martin Luther in das Kloster ein und lebte dort sieben Jahre. Seine Zelle im Augustinerkloster kann man noch heute besichtigen. Heute ist das Kloster ein Ort für Veranstaltungen, eine Gedenkstätte für Luther und eine Unterkunft für Pilger.

Der Garten- und Freizeitpark (egapark) mit großen Blumenbeeten, einem Rosengarten, einem Schmetterlings- haus und dem größten Spielplatz Thüringens mit einem Kinderbau- ernhof ist seit 1992 denkmalgeschützt.

MITMACHEN UND NACHDENKEN

2 Heute seid ihr der Reiseleiter. Erzählt über die Sehenswürdigkeiten der Stadt Erfurt.

3 Wähle aus und forsche nach:
- Was ist auf dem Petersberg zu sehen?
- Was befindet sich auf dem Fischmarkt?
- Wie sieht das Wappen von Erfurt aus?
- Welches ist die bekannteste Speise in Erfurt?

4 Halte einen Kurzvortrag über Erfurt als Landeshauptstadt.

INTERESSANT

Der Kinderkanal KiKa wurde 1997 in Erfurt gegründet. Zu seinem zehnten Geburtstag gestalteten Künstler Plastikfiguren aus Kindersendungen und stellten sie in der Stadt auf.

Berühmte Personen und Bauwerke in Thüringen

 Lies die Texte. Erzähle mit eigenen Worten von einem der genannten berühmten Thüringer oder einem berühmten Bauwerk Thüringens.

Johann Wolfgang von Goethe lebte von 1749 bis 1832. Er ist noch heute der berühmteste deutsche Dichter. Seine Werke gehören zu den Meisterwerken der Weltliteratur.

Im Kyffhäusergebirge steht das 81 m hohe Kyffhäuser-Denkmal. Es wurde zu Ehren des preußischen Königs und deutschen Kaisers Wilhelm I. gebaut. Das Denkmal zeigt unten Kaiser **Friedrich I.** aus dem Mittelalter und oben das Reiterstandbild Wilhelms I.

Martin Luther (1483–1546) war ein frommer Mönch, dem das Handeln der katholischen Kirche zur damaligen Zeit nicht gefiel. Darum heftete er ein Papier mit 95 **Thesen** an eine Kirchentür. Er kritisierte damit das Handeln der Kirche. Dies war die Geburtsstunde der evangelischen Kirche.

Der Dichter Goethe war mit dem Dichter Schiller eng befreundet. Ihnen zu Ehren steht ein Denkmal in Weimar.

Nord-hausen

Sondershausen

Heiligenstadt

Bad Frankenhau

Mühlhausen

Sömmerda

Erfurt

Eisenach   Gotha

Wei

Bad Salzungen   Arnstadt

Saal

Suhl

Meiningen

Hildburghausen   Sonneberg

Bekannte Persönlichkeiten des Landes und ausgewählte Sehenswürdigkeiten vorstellen; Bedeutung für die Region erklären; Ergebnisse eigener Erkundungen mitteilen

S. 10/11

Carl Zeiss (1816–1888) gründete 1846 in Jena eine Firma für Feinmechanik und Optik.  Seine Firma produzierte erste einfache Mikroskope. Die Firma Zeiss ist bis heute weltweit bekannt und stellt Objektive und Linsen her, zum Beispiel für Kameras, Brillengläser und Mikroskope.

Heike Drechsler (geboren 1964) war eine erfolgreiche Leichtathletin. Sie gewann bei den Olympischen Spielen 1992 und 2000 im Weitsprung jeweils eine Goldmedaille.

Schloss Altenburg ist der ehemalige Wohnsitz der Herzöge von Sachsen-Altenburg. Heute befinden sich im Schlossmuseum wertvolle Sammlungen, zum Beispiel Porzellan und Uhren. Es gibt auch ein Spielkartenmuseum.

olda
Eisenberg
Jena
Altenburg
Gera
Greiz
Schleiz

Vor über hundert Jahren war Sonneberg die Weltstadt der Spielwaren. Dort wurde 1901 das Deutsche Spielzeugmuseum gegründet. Hier können Kinder noch heute staunen und spielen.

MITMACHEN UND NACHDENKEN

2 Befrage Erwachsene, ob sie einen berühmten Thüringer kennen. Warum ist er berühmt?

3 Informiere dich zu einem berühmten Thüringer genauer. Stelle ihn der Klasse vor. Vielleicht findest du in Büchern oder im Internet auch Informationen über berühmte Thüringer, die hier nicht genannt sind.

4 Zeichne eine Zeitleiste zu verschiedenen berühmten Bauwerken in Thüringen.

Die Wartburg erzählt Geschichten

 Betrachte das Foto der Wartburg und beschreibe es.

Im Jahr 1067, also vor beinahe 1000 Jahren, ließ Graf Ludwig der Springer die Wartburg bauen.

 Lies die Sage zur Entstehung der Wartburg.

Die Sage zur Entstehung der Wartburg

Bei einer Jagd entdeckte Graf Ludwig einen eindrucksvollen hohen Berg.
Er fand diesen Berg so schön, dass er gesagt haben soll:
„Wart, Berg, du sollst mir eine Burg werden!"
Der Berg befand sich aber im Besitz eines anderen Grundherren. Darum ging
Graf Ludwig listig vor: Er ließ in der Nacht so viele Körbe mit Erde von seinem Land
auf den Berg bringen, dass die Bergkuppe ganz bedeckt war.
Kurz danach begann der Bau der Burg.
Erst Tage später bemerkte der Besitzer des Berges, was geschah,
und verklagte den Grafen beim Kaiser.
Es wurde eine lange Verhandlung. Währenddessen wurde weiter an der Burg gebaut.
Schließlich versammelte sich das Gericht vor der Burg und hörte, was die Zeugen
des Grafen zu sagen hatten. Diese sollten erklären, ob sie auf der Erde des Grafen
ständen. Sie schworen, dass dies so sei, und taten dies zu Recht. Daraufhin sprachen
die Richter den Grafen frei und der Grundherr hatte das Nachsehen.

Eine ausgewählte Sehenswürdigkeit vorstellen; eine Sage über die Entstehung
dieses Ortes lesen, die Bedeutung des Ortes für die Region erschließen

1226

Die Sage der heiligen Elisabeth
Die Landgräfin Elisabeth lebte
mit ihrem Mann und vielen anderen
reichen Menschen auf der Wartburg.
Dort wurde viel gefeiert und keiner
scherte sich um die armen Menschen
in Eisenach, die hungerten.
Elisabeth brachte mit ihren Hof-
damen heimlich Essen und Kleidung
zu den Armen. Eines Tages über-
raschte sie ihr Mann Ludwig dabei.
Er fragte, was sie in ihrem Korb
trage. Ängstlich schob sie das Tuch
zurück und es erschienen rote und
weiße Rosen. Bei den Armen
in der Stadt wurden aus den Rosen
wieder Brote für die Hungernden.

1521/1522

Martin Luther als Junker Jörg
Als Luther das Handeln der Kirche
kritisierte, wurde er verurteilt und für
vogelfrei erklärt. Er versteckte sich
unter dem Namen **Junker** Jörg auf
der Wartburg. Dort übersetzte er
das **Neue Testament** der Bibel aus
der griechischen Sprache in
die deutsche Sprache.

1777

**Johann Wolfgang von Goethe
auf der Wartburg**
Goethe war oft in Eisenach und
besuchte die Wartburg. Er war
begeistert von der Landschaft und
ging in der Umgebung seinen naturwissenschaftlichen Interessen nach:
Er bestimmte Pflanzen und Tiere
und sammelte Steine. Er beobachtete
das Wetter und studierte die Wirkung
von Farben.

MITMACHEN UND NACHDENKEN

3 Erkläre, warum die Zeugen des Grafen schworen,
auf der Erde ihres Grafen zu stehen.

4 Suche ein schönes Bild von der Wartburg
und zeichne die Burg nach. Schreibe dazu,
was du heute auf der Burg erleben kannst.

5 Bringe die Ereignisse der heiligen Elisabeth,
des Junkers Jörg und des Dichters Johann Wolfgang
von Goethe in eine zeitliche Reihenfolge.
Ergänze sie mit weiteren Ereignissen
auf der Wartburg. Nutze das Internet.

> Meine Hütte
> ist meine Burg.

Produkte aus unserem Bundesland

 Welches Produkt wird in welchem Ort hergestellt?
Vermutet.

Altenburg   Bad Köstritz   Lauscha   Kahla

Erfurt   Jena   Ruhla   Eisenach   Sankt Gangloff

Mühlhausen   Herbsleben   Greußen

Früher führten viele Handelswege durch Thüringen.
Entlang dieser Straßen gründeten sich zahlreiche
Betriebe. So wurde Thüringen schon damals
zu einem bedeutenden Wirtschaftsgebiet in Europa.
Heute gibt es in Thüringen vor allem kleine
und mittlere Betriebe. Die Übersicht zeigt einige
der hergestellten Produkte.
Größere Betriebe und Unternehmen produzieren

- Elektrogeräte und optische Geräte
  (zum Beispiel Spezialkameras),
- Solaranlagen zur Energiegewinnung,
- technische Geräte für die Medizin
  (zum Beispiel für die Augenheilkunde),
- Maschinen und Fahrzeuge
  (zum Beispiel Motorenteile),
- Lebensmittel
  (zum Beispiel Thüringer Rostbratwurst),
- Kunststoffe
  (zum Beispiel Bauteile für den Flugzeugbau).

LEICHTER LERNEN

Ein Produkt präsentieren

- Besorge dir, wenn
  möglich, das Produkt.
- Sammle dazu Bilder
  und Informationen:
  Produktionsort und
  Produktionsablauf,
  Rohstoffe …
- Entscheide, wie du dein
  Material präsentierst:
  – eine
    Präsentationsmappe,
  – ein Plakat,
  – einen Flyer.

Ausgewählte Aspekte (Wirtschaft) für den regionalen Lebensraum erörtern;
Leistungen der Menschen respektieren

2 Lies mithilfe der Legende die Karte. Was erfährst du zum Thema „Landwirtschaft in Thüringen"? Tausche dich mit einem Partner aus.

Landwirtschaft in Thüringen

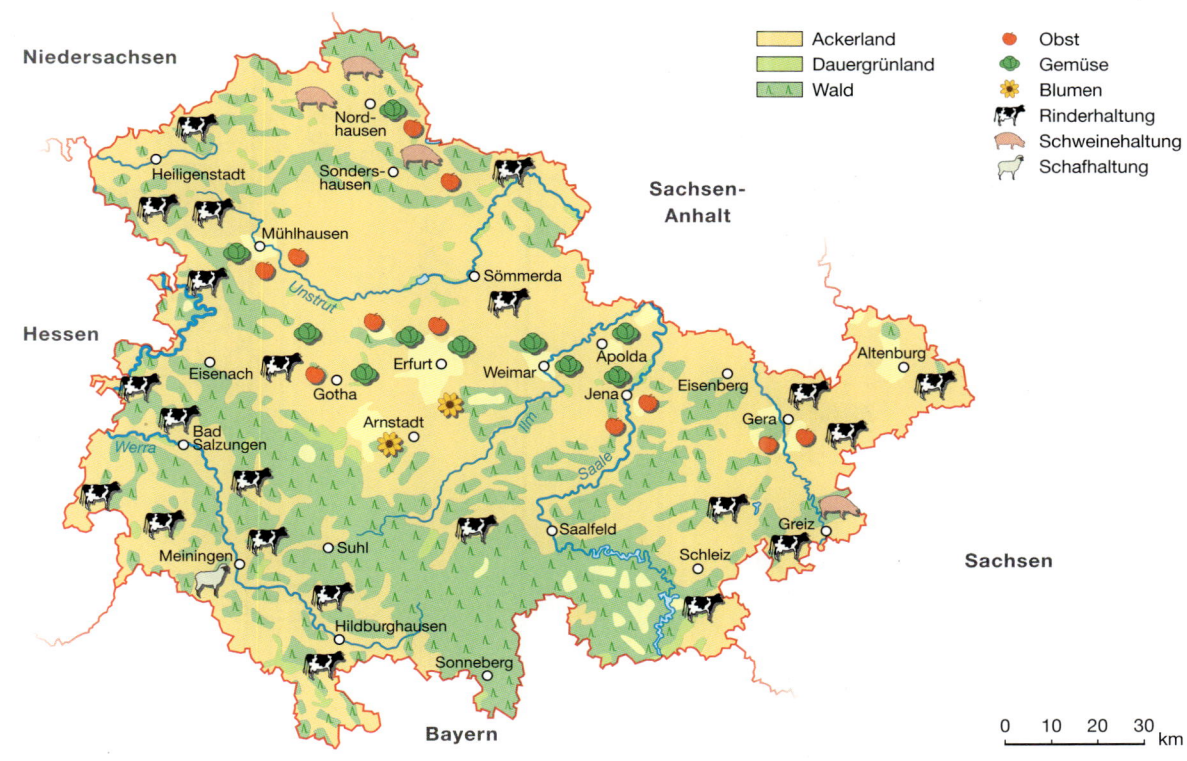

Anbau von Pflanzen

Die Hälfte der Fläche Thüringens wird von der Landwirtschaft genutzt. Es wird sehr viel Getreide angebaut. Stark zugenommen hat der Anbau von Raps. Daraus gewinnt man Pflanzenöl und Biodiesel, ein Treibstoff, mit dem Autos fahren können.

Haltung von Tieren

Am häufigsten werden in Thüringen Hühner, Rinder und Schweine gehalten. Aber auch die Schafhaltung ist noch immer bedeutend. Früher waren diese Tiere sehr wichtig für den Lebensunterhalt: Sie lieferten Wolle für Kleidung, Milch und Fleisch für die Ernährung.
Heute sind umherziehende Schafherden unersetzlich für die **Landschaftspflege**.

MITMACHEN UND NACHDENKEN

3 Erforsche ein Produkt aus Thüringen. Stelle das Produkt vor. Nutze Kataloge, Internetseiten der Hersteller …

Ausgewählte Aspekte (Wirtschaft) für den regionalen Lebensraum erörtern; Leistungen der Menschen respektieren; weitere Informationen aus verschiedenen Medien erschließen

S. 4/5, 10/11   65

Unterwegs auf dem Land und in der Stadt

 Benenne die verschiedenen Verkehrsmittel und Verkehrswege.
Welche hast du schon einmal genutzt? Berichte darüber.

Schienen

Straßen

Luft

Wasser

Mobil auf dem Land

Auf dem Land müssen die Menschen oft weit fahren. Das muss gut geplant sein.

Auto und Fahrgemeinschaften

Viele Familien auf dem Land haben ein Auto. Wenn Eltern an verschiedenen
Arbeitsorten arbeiten, oft sogar zwei Autos. Häufig werden **Fahrgemeinschaften**
gebildet. Man verabredet sich und fährt dann gemeinsam zum Arbeitsort weiter.
Das spart Geld, zum Beispiel für Benzin, und schont die Umwelt.

Parken und Reisen

Viele Landbewohner nutzen auch die **Park-&-Ride-
Angebote** der Bahn. Sie fahren mit dem Rad oder
dem Auto zum nächsten Bahnhof. Dann geht es mit
den **öffentlichen Verkehrsmitteln** weiter.

Linienbusse

Linienbusse auf dem Land verbinden die kleinen Orte miteinander.
Auf einigen Linien werden die Fahrgäste nur dreimal täglich befördert.
Auf anderen Strecken im Stundentakt. Das macht die Planung einer Busfahrt
nicht einfach. Fehlen jedoch die Fahrgäste, wird manche Linie eingestellt.

Mobilität in Thüringen besprechen; Möglichkeiten der Nutzung von verschiedenen
Verkehrsmitteln diskutieren; Vor- und Nachteile erschließen

In Thüringen gibt es Verkehrsverbünde.

Das bietet ein Verkehrsverbund:

- Es können verschiedene Verkehrsmittel genutzt werden: vom Dorf mit dem Bus in die Stadt, und auf dem Rückweg benutzt man die Bahn.

Auch wer in die Stadt zum Einkaufen, ins Kino oder ins Restaurant möchte, kann den Verkehrsverbund nutzen.

- Die Fahrpläne der Verkehrsmittel sind aufeinander abgestimmt.
- Eine genaue Reiseplanung ist möglich.
- Es gibt einheitliche Fahrpreise und zahlreiche Spezialfahrkarten.

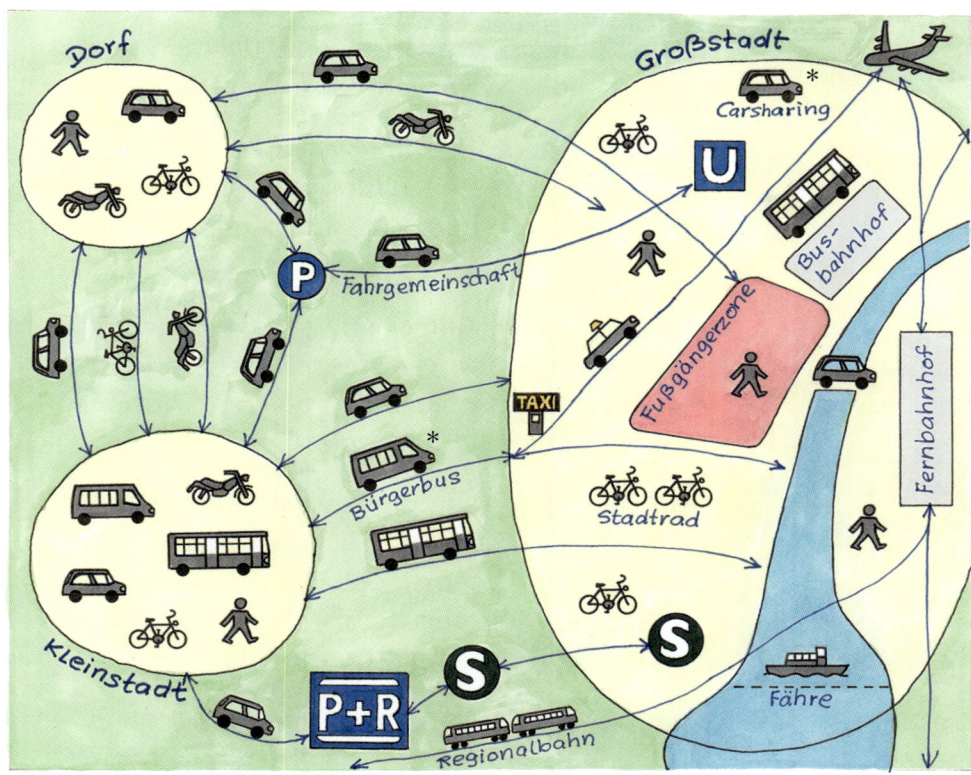

*Bürgerbus:
Die Kleinbusse werden von freiwilligen Fahrern gelenkt. Wie bei den Linienbussen sind die Route und die Abfahrtszeiten festgelegt.

*Carsharing:
Mehrere Leute nutzen ein Fahrzeug. Das spart sehr viel Geld.

MITMACHEN UND NACHDENKEN

2 Welche Vor- und Nachteile haben die einzelnen Verkehrsmittel? Denke an Kosten, Lärm, Freizeit, Gesundheit, Schnelligkeit, Umwelt und Sicherheit.

3 Diskutiert und notiert in Gruppen: Eine Familie mit zwei kleinen Kindern, ein Jugendlicher von 16 Jahren und eine Rentnerin wohnen in einem Dorf etwa 40 Kilometer von der nächsten Stadt entfernt.
Was wünschen sie sich von den Verkehrsmitteln?

Mobilität in Thüringen besprechen; Möglichkeiten der Nutzung von verschiedenen
Verkehrsmitteln diskutieren; Vor- und Nachteile erschließen

S. 2/3   67

Wie wir im Land zusammenleben

 Welche wichtigen Aufgaben hat der Landtag?
Finde den Abschnitt im Text.

In Thüringen leben viele Menschen zusammen. Für dieses Zusammenleben muss es Regeln und Normen geben, um friedlich zusammenzuleben. Eine verbindliche Grundlage unseres Zusammenlebens ist das **Grundgesetz** für die Bundesrepublik Deutschland. In den Bundesländern können Gesetze gemacht werden, für die die Länder zuständig sind, zum Beispiel zur Schulpolitik.

Thüringer Landtag

Plenarsaal im Thüringer Landtag

Aber wer legt die Gesetze fest?

Da sich nicht alle Einwohner des Landes treffen können, um Gesetze zu beraten und zu beschließen, werden Volksvertreter gewählt.

In Thüringen wählen Bürgerinnen und Bürger ihre Volksvertreter für fünf Jahre in den Landtag. Im großen Plenarsaal des Landtags in Erfurt finden die Sitzungen statt.

Die wichtigsten Aufgaben des Landtags sind die Wahl des Ministerpräsidenten, die Gesetzgebung für den Freistaat Thüringen und die Kontrolle der Regierungsarbeit.

Im Landtag werden die Gesetzentwürfe sehr lange beraten und diskutiert. Schließlich stimmen die Abgeordneten über ein Gesetz ab. Stimmt die Mehrheit dafür, ist es angenommen und wird im Gesetzblatt verkündet.

Dann muss die Regierung dafür sorgen, dass das neue Gesetz in Thüringen auch umgesetzt wird.

Und wer ist die Regierung?

Die Thüringer Landesregierung besteht aus dem Thüringer Ministerpräsidenten und den Ministern. Der Ministerpräsident wird von den Abgeordneten des Landtags gewählt. Er bestimmt seine Ministerinnen und Minister. Sie arbeiten in den Ministerien mit ihren Mitarbeitern an speziellen Themen, mit denen sie sich gut auskennen. Es gibt zum Beispiel das Ministerium für Umwelt, Energie und Naturschutz oder das Ministerium für Bildung, Jugend und Sport.

Demokratische Einrichtungen nennen: Landtag; Aufgaben demokratischer Einrichtungen beschreiben: Planung, Beratung, Entscheidung, Umsetzung

In der Bundesrepublik Deutschland wählen die Bürgerinnen und Bürger alle vier Jahre die Abgeordneten des Deutschen Bundestags. Man sagt: „Die Abgeordneten wurden ins Parlament gewählt."

„Parlament" ist vom französischen Wort für „sprechen", „reden" abgeleitet.

Die Volksvertreter beraten und diskutieren politische Angelegenheiten. Die wichtigsten Aufgaben sind die Gesetzgebung und die Kontrolle der Regierungsarbeit. Der Deutsche Bundestag tagt im Plenarsaal des Reichstagsgebäudes in Berlin.

Das wichtigste Gesetz ist das Grundgesetz für die Bundesrepublik Deutschland. Es wurde am 23. Mai 1949 verkündet.

MITMACHEN UND NACHDENKEN

2 Wie heißt der Ministerpräsident von Thüringen?

3 Welche **Parteien** sind im Thüringer Landtag vertreten?

4 Sucht im Kinderportal des Deutschen Bundestags nach weiteren Informationen: www.kuppelkucker.de. Findet zum Beispiel heraus, was ein Bundestagspräsident ist.

INTERESSANT

Auszug aus dem Grundgesetz:
- Die Würde des Menschen ist unantastbar.
- Alle Menschen sind vor dem Gesetz gleich.
- Männer und Frauen sind gleichberechtigt.
- Die ungestörte Religionsausübung wird gewährleistet.

Demokratische Einrichtungen nennen: Bundestag; Kommunikationsformen anwenden: Debatte; eigene Standpunkte vertreten; Informationen auswählen, beurteilen

S. 4/5, 6/7   69

Wir in Europa

 Erkläre das Schaubild.

* Der Freistaat Thüringen ist dein Heimatland.

* Der Freistaat Thüringen ist
eines von 16 Bundesländern
der Bundesrepublik Deutschland.

* Die Bundesrepublik Deutschland
ist ein Land in Europa.

In Europa leben in 48 Ländern über
740 Millionen Menschen, etwa neunmal
so viele wie in Deutschland.

28 Länder Europas haben sich
zur Europäischen Union (EU)
zusammengeschlossen. Diese Länder
arbeiten eng zusammen.
Weitere Länder möchten
beitreten.

Die EU hat ein gemeinsames Parlament.
Das Europäische Parlament ist
die Vertretung der Völker und Menschen
in Europa. Die Bürgerinnen und Bürger
wählen die Abgeordneten direkt
für eine Amtszeit von fünf Jahren.

In vielen Ländern der EU kann man
seit 2002 mit dem Euro bezahlen.
Die Geldscheine sehen in allen Ländern
gleich aus.
Die Münzen sind auf der Vorderseite gleich.
Die Rückseite kann jedes Land
unterschiedlich gestalten.

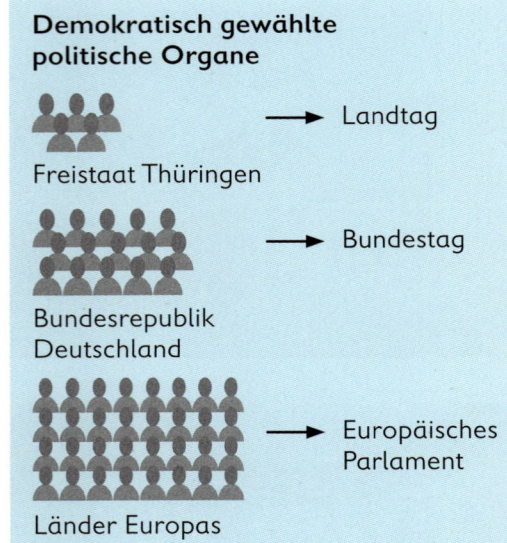

Demokratisch gewählte politische Organe

Freistaat Thüringen → Landtag

Bundesrepublik Deutschland → Bundestag

Länder Europas → Europäisches Parlament

Der Plenarsaal des Europäischen Parlaments in Straßburg

2-Euro-Münze aus

Italien

Frankreich

Deutschland

Sich im Raum und auf der Karte orientieren: Bundesland Thüringen,
Bundesrepublik Deutschland, Europa; politische Verknüpfung kennenlernen

S. 2/3

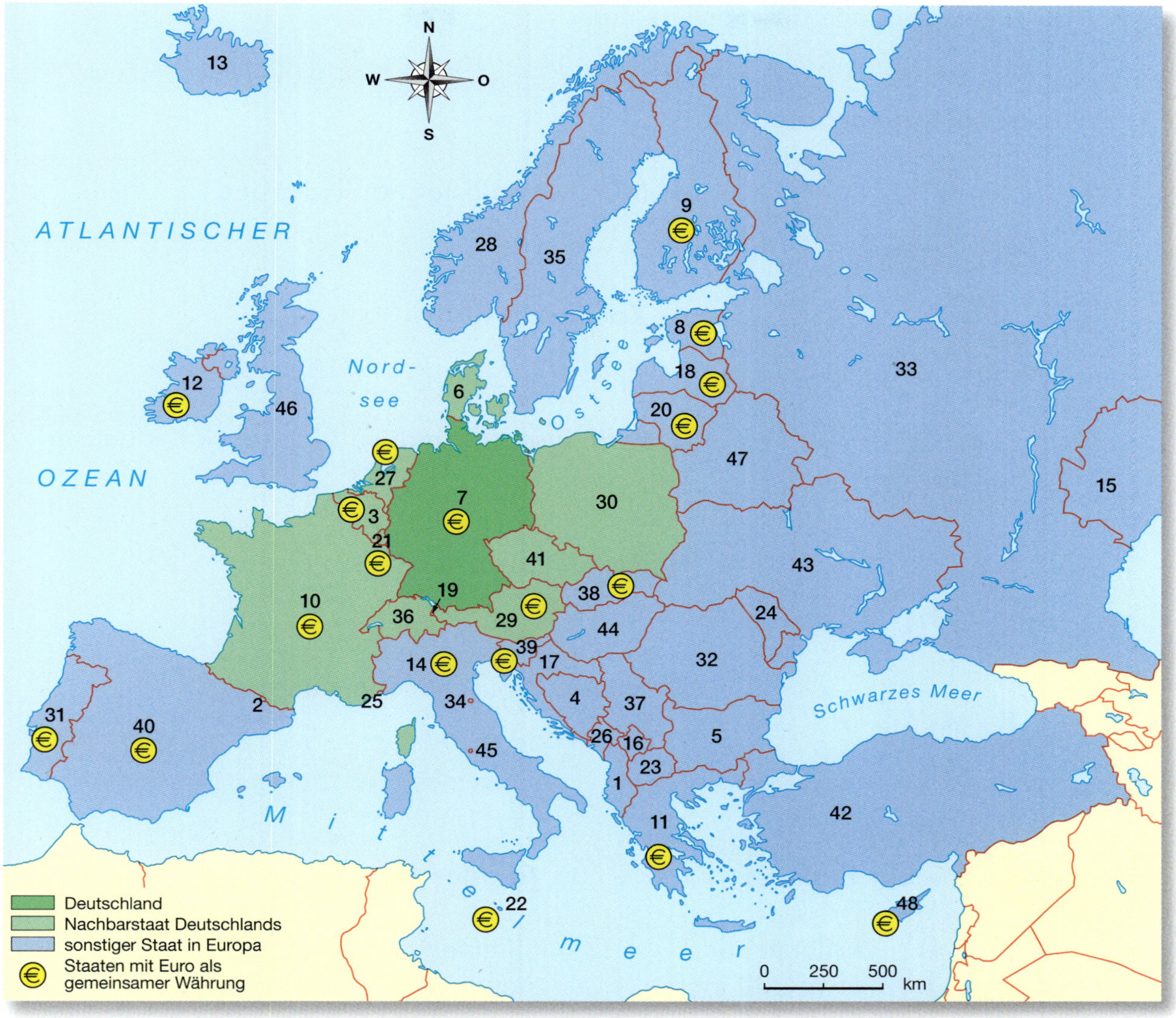

A T L A N T I S C H E R

O Z E A N

Nord-
see

Ostsee

Schwarzes Meer

M i t t e l m e e r

13

28 35 9

12 46 6 8 33
   27 18
   3 20 47 15
   21 30
10 7 43
   36 19 41 38 24
   29 44 32
14 39 17 4 37 5
25 34 26 16
31 40 2 45 23
   1
   11 42
   22 48

0 250 500 km

- ▮ (grün) Deutschland
- ▮ (hellgrün) Nachbarstaat Deutschlands
- ▮ (blau) sonstiger Staat in Europa
- € Staaten mit Euro als gemeinsamer Währung

1 Albanien 2 Andorra 3 Belgien 4 Bosnien und Herzegowina 5 Bulgarien 6 Dänemark
7 Deutschland 8 Estland 9 Finnland 10 Frankreich 11 Griechenland 12 Irland 13 Island 14 Italien
15 Kasachstan 16 Kosovo 17 Kroatien 18 Lettland 19 Liechtenstein 20 Litauen 21 Luxemburg
22 Malta 23 Mazedonien 24 Moldawien 25 Monaco 26 Montenegro 27 Niederlande
28 Norwegen 29 Österreich 30 Polen 31 Portugal 32 Rumänien 33 Russland 34 San Marino
35 Schweden 36 Schweiz 37 Serbien 38 Slowakei 39 Slowenien 40 Spanien 41 Tschechien
42 Türkei 43 Ukraine 44 Ungarn 45 Vatikanstadt 46 Vereinigtes Königreich 47 Weißrussland
48 Zypern

MITMACHEN UND NACHDENKEN

2 Suche Deutschland auf der Karte.
Benenne mithilfe der Legende die Nachbarländer.

3 In welchen Ländern kann man mit dem Euro bezahlen?

Kennst du dich in Thüringen aus?

1 Wähle eine Aufgabe aus. Forsche nach.

---

1 **Was gehört zusammen?**

| 1 |  | A Märchenwald Teichtal Hainrode |

| 2 |  | B Zoopark Erfurt |

| 3 | | C Kyffhäuserdenkmal im Naturpark Kyffhäuser |

| 4 |  | D Zeiss-Planetarium Jena |

| 5 |  | E Spielzeugmuseum Sonneberg |

---

2 **Carl Zeiss – ein Erfinder**

Er lebte vor etwa 200 Jahren und baute in seinem Unternehmen einfache Mikroskope.

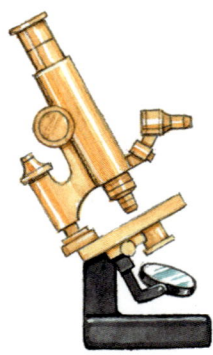

Forsche nach, wozu heute Mikroskope verwendet werden.

---

3 **Ja oder Nein?**

Stimmen die Aussagen?
Antworte mit Ja oder Nein.

- Durch die Landeshauptstadt Erfurt fließt die Elbe.
- Der höchste Berg in Thüringen ist der Große Beerberg.
- Thüringen wird „das grüne Herz Deutschlands" genannt.
- In Gera steht die mächtige Wartburg.
- Die benachbarten Bundesländer heißen: Freistaat Sachsen, Sachsen-Anhalt, Niedersachsen, Bayern und Brandenburg.

Schreibe selbst solche Aussagen auf und lasse ein anderes Kind antworten.

Kenntnisse über das Land wiederholen: Fragen beantworten, in Medien nachforschen   **AH** S.34/35   S. 8/9

Mit dem Fahrrad unterwegs

Wie komme ich sicher mit dem Fahrrad von einem Ort zum anderen?

Gut gemacht.

Sicher unterwegs

Kennst du die wichtigsten Regeln für Radfahrer?

Ich denke schon, aber für die Radfahrprüfung schaue ich mir noch die Informationen bei den 🚧 an.

- Kinder bis acht Jahre müssen immer auf dem Gehweg fahren.
- Kinder bis 10 Jahre dürfen noch auf dem Gehweg fahren.
- Kinder ab dem zehnten Geburtstag müssen auf dem Radweg oder der Straße fahren.

1 Was gehört zu einem verkehrssicheren Fahrrad? Zeige und benenne die Teile an einem originalen Fahrrad.

 1 🚧

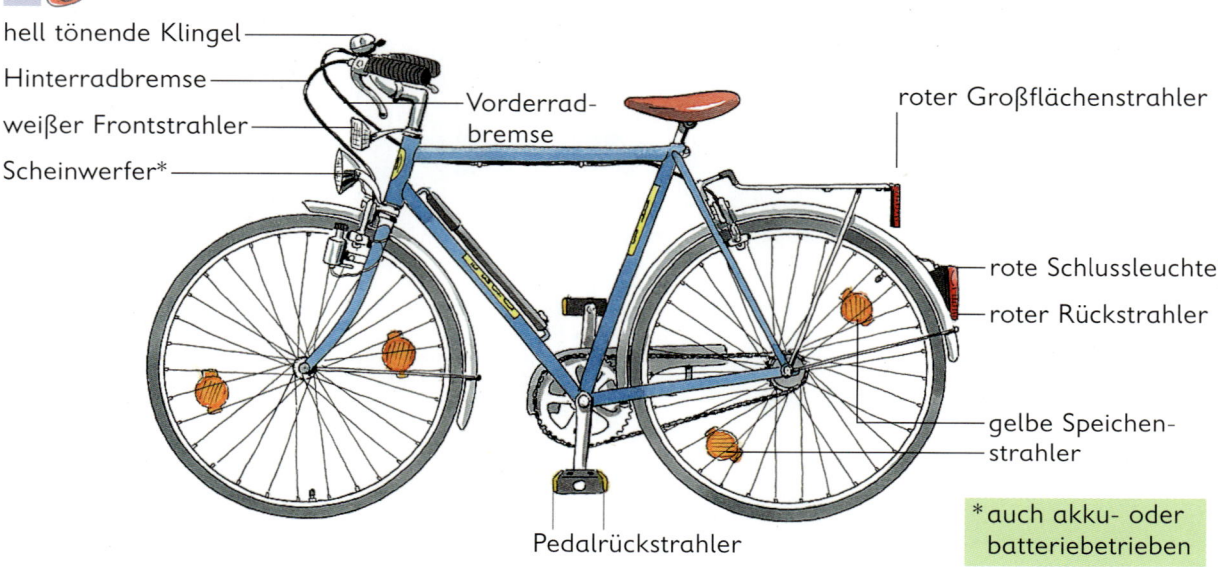

hell tönende Klingel
Hinterradbremse
weißer Frontstrahler
Scheinwerfer*
Vorderrad-bremse
roter Großflächenstrahler
rote Schlussleuchte*
roter Rückstrahler
gelbe Speichen-strahler
Pedalrückstrahler

*auch akku- oder batteriebetrieben

2 🚧 Ein Helm verhindert keinen Unfall, aber er schützt bei einem Sturz den Kopf. Folgendes sollte beim Tragen eines Helms beachtet werden:

Der Helm sitzt waagrecht auf dem Kopf.
Zwischen Nasenwurzel und Helm passen zwei Finger.

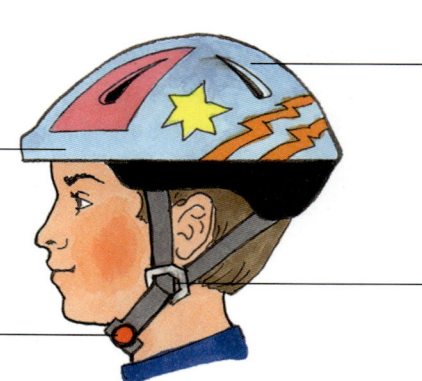

Der Helm umschließt den Kopf, ohne zu drücken. Er verrutscht nicht.

Das Kinnband sitzt fest, ohne zu drücken.

Das vordere und hintere Gurtband bilden ein Dreieck um das freie Ohr.

Radfahrprüfung vorbereiten; notwendige Schutzmaßnahmen beim Radfahren in Bezug auf Sicherheit, Kleidung, verkehrssicheres Fahrrad ableiten

3 So steige ich vom Fahrbahnrand auf mein Fahrrad.

Das Rad bereitstellen, beide Pedale waagerecht stellen

Von der Gehwegseite aufsteigen, über die linke Schulter umsehen

Deutliches Handzeichen links geben: Ich will losfahren.

Reicht die Verkehrs-lücke aus, mit beiden Händen am Lenker anfahren

4 **Was ich bei diesen Verkehrszeichen als Radfahrer beachten muss**

Halt. Vorfahrt gewähren!	Vorfahrt gewähren	Vorfahrt	Getrennter Rad- und Fußweg	Verbot der Einfahrt
				In diese Straße darf ich nicht hineinfahren.

5  Wie fährst du an eine Kreuzung mit diesem Zeichen heran?
- Langsam, ich muss den Fahrzeugen auf der Hauptstraße die Vorfahrt lassen.
- Schnell, ich habe die Vorfahrt, weil ich von rechts komme.

MITMACHEN UND NACHDENKEN

2 Beschreibe aus dem Gedächtnis, wie du auf ein Fahrrad vom Gehweg aus aufsteigst.

3 Informiere dich über die abgebildeten Verkehrszeichen und gestalte eine Tabelle mit den Erklärungen.

Auf dem Weg

1 Besprecht: Wer hat Vorfahrt? Wer muss warten?

6 An manchen Kreuzungen oder **Einmündungen** gibt es keine Ampeln
oder Verkehrszeichen.
Hier gilt die Vorfahrtsregel „rechts vor links".
Dies bedeutet: Wer von rechts kommt, hat Vorfahrt.
Ausnahmen sind Wald- oder Feldwege sowie Einfahrten.

7 Ein parkendes Fahrzeug oder eine Baustelle versperren den Weg.
Du musst beim Vorbeifahren deine Fahrspur verlassen.

a Auf den Gegenverkehr
achten

b Schulterblick über
die linke Schulter

c Handzeichen
nach links

d Am Hindernis
vorbeifahren

e Handzeichen nach
rechts, einordnen

8 Wenn eine Straßenbahn
an einer Haltestelle anhält,
musst du als Radfahrer
auch stehen bleiben.

Radfahrprüfung vorbereiten; Regeln zur Verkehrssicherheit als Radfahrer anwenden;
Vorfahrtsregeln kennenlernen

9  Das Linksabbiegen ist schwierig und gefährlich.
Schau dir an, wie es richtig geht.

8 Auf Fußgänger achten

7 Abbiegen

6 Nochmals umsehen

5 Auf den Gegenverkehr achten (Fahrzeuge vorbeilassen)

4 Vorfahrt beachten

1 Schulterblick über die Schulter (Ist die Straße frei?)

2 Handzeichen nach links geben

3 In die linke Fahrspur einordnen

10  Diese Verkehrszeichen haben diese Regeln.

Fußgänger und Radfahrer benutzen den Weg gemeinsam. Sei als Radfahrer stets bremsbereit.

Fahrzeuge innerhalb des Kreisverkehrs haben Vorfahrt. Achte auf sie beim Einfahren.

Warte am Ende des Radweges, bis die Fahrbahn frei ist. Fahre dann zügig weiter.

MITMACHEN UND NACHDENKEN

Immer vorsichtig fahren.

2 Wiederhole die acht Punkte, die du beim Linksabbiegen beachten musst.

3 Warum musst du als Fahrradfahrer stehen bleiben, wenn eine Straßenbahn an einer Haltestelle anhält?

Verkehrsregeln

 Wähle Aufgaben aus. Forsche nach.

1 Achtung Gefahr!

Betrachte das Bild.
Beschreibe die Gefahr für den Radfahrer
und die andere Person.
Wie müssen sich der Radfahrer und
die andere Person verhalten?

2 Rot und zugleich Grün?

Was bedeutet dieses Signal?

Wie geht es deinem neuen Fahrrad?

Es geht nicht, es fährt.

Na gut, wie fährt dein neues Fahrrad?

Es geht!

3 Vorfahrt-Regelung durch die Polizei

Die Ampel ist ausgefallen, jetzt regelt die Polizei den Verkehr.
Was bedeuten die Handzeichen?

Merkhilfe: Brust und Rücken – Bremse drücken.
Siehst du die Hosennaht, hast du freie Fahrt.

Frühling am Gewässer

Wer lebt im und am Gewässer?

Am Wasser entdeckt ...

1 Beobachte Tiere und Pflanzen an und auf einem Gewässer.

1 Weiden brauchen zum Leben viel Wasser. Ihre Wurzeln wachsen schnell und sind dicht verzweigt. So finden die Bäume Halt im Boden und befestigen zugleich das Ufer. Weiden blühen im April/ Mai.

2 Das Schilfrohr wächst im flachen Wasser. Mit seinen dicken Wurzelstöcken ist es fest im Boden verankert und treibt bis zu 4 Meter hohe Stängel empor. Im Röhricht nisten viele Vögel, wie zum Beispiel der Rohrsänger **3**.

4 Der Hecht ist ein Raubfisch. Zwischen den Pflanzen im Uferbereich lauert er auf Beute: Fische, Frösche, Küken von Schwimmvögeln und Wasserratten.

Bedeutung und Nutzen der Gewässer für Pflanzen und Tiere erklären,
Beziehungen zwischen den Lebewesen im Lebensraum Gewässer beschreiben

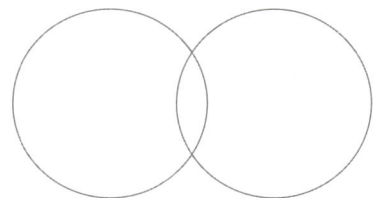

Zusammenhänge finden

- Zeichne zwei überlappende Kreise.

- Schreibe in Kreis 1 den Namen einer Pflanze oder eines Tieres aus der Abbildung.
- Überlege: Warum lebt diese Pflanze oder dieses Tier am oder im Wasser?
- Notiere dazu im Kreis 2 Stichpunkte.

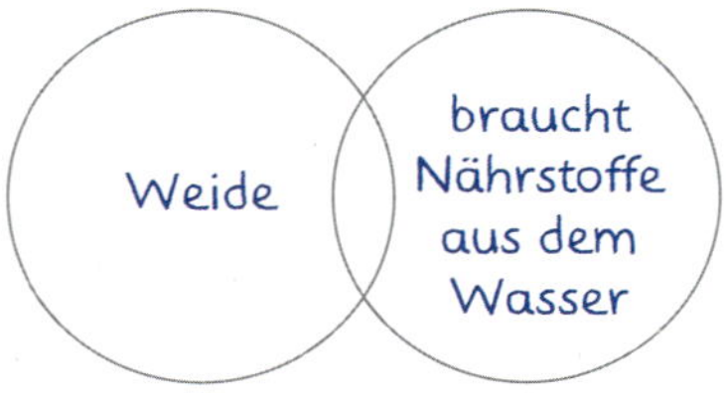

Weide | braucht Nährstoffe aus dem Wasser

5 Die Weiße Seerose hat an langen Stielen Blätter, die auf dem Wasser schwimmen. Ein dicker Wurzelstock verankert die Pflanze im Gewässerboden.

6 Die Wasserpest wächst vollständig unter der Wasseroberfläche. Ihre Stängel sind sehr verzweigt und können bis zu 3 Meter lang werden.

7 Die Rotfeder ist ein Friedfisch. Das bedeutet, sie jagt keine anderen Fische. Sie ernährt sich vor allem von Wasserpflanzen, aber auch von Insekten.

Gute Schwimmer: Seerose und Wasserfrosch

 1 Wie ist die Seerose an das Leben im Wasser angepasst?

Die Seerose hat ihren Lebensraum in stehenden oder langsam fließenden Gewässern: in Teichen, ruhigen Buchten eines Sees oder langsam fließenden **Nebenflüssen**.
Diese Wildpflanze steht in Deutschland unter Naturschutz.
Sie ist sehr gut an das Leben im Wasser angepasst.

Die großen Blüten der Seerose erscheinen im Mai.
Sie öffnen sich bei Sonnenschein und schließen sich nachts und
bei trübem Wetter. So ist der Blütenstaub
vor Kälte und Tau geschützt.
Seerosen bilden kugelige Früchte, die im Wasser heranreifen und dann platzen.
Die schwimmenden Samen werden vom Wasser fortgetragen und
keimen nach ein bis zwei Jahren.
Seerosen leben gern im schlammigen Boden
in einer Wassertiefe
von 1,5 Meter.

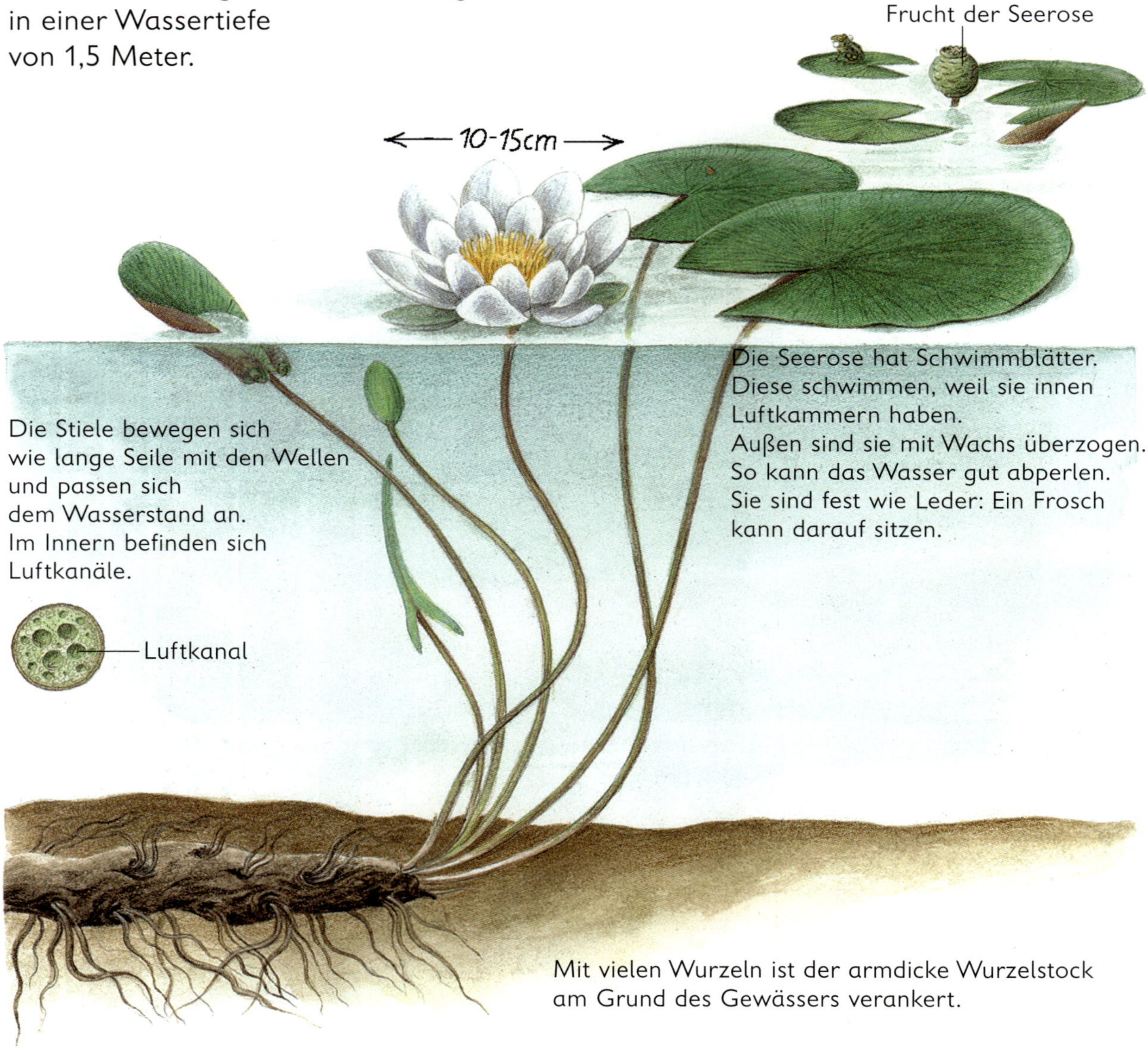

Frucht der Seerose

← 10-15cm →

Die Stiele bewegen sich
wie lange Seile mit den Wellen
und passen sich
dem Wasserstand an.
Im Innern befinden sich
Luftkanäle.

— Luftkanal

Die Seerose hat Schwimmblätter.
Diese schwimmen, weil sie innen
Luftkammern haben.
Außen sind sie mit Wachs überzogen.
So kann das Wasser gut abperlen.
Sie sind fest wie Leder: Ein Frosch
kann darauf sitzen.

Mit vielen Wurzeln ist der armdicke Wurzelstock
am Grund des Gewässers verankert.

Beziehungen zwischen Lebewesen im Lebensraum Gewässer beschreiben;
Angepasstheit der Lebewesen an den Lebensraum Gewässer erkennen
S. 2/3

Wasserfrösche sind Amphibien, sie leben sowohl im Wasser als auch auf dem Land.

Zur Fortpflanzung brauchen Frösche Gewässer. Dort legen die Weibchen die Eier direkt im Wasser ab. Aus den Eiern schlüpfen Kaulquappen, die im Wasser leben und durch Kiemen atmen.
In den nächsten zwei bis drei Monaten entwickeln sich die Kaulquappen zu Jungfröschen mit Beinen und Lungenatmung.
Mit Lungen können die Frösche an Land atmen. Erwachsene Frösche atmen im Wasser über ihre Haut.
Frösche können mit ihren langen Hinterbeinen sehr gut und weit springen.
Im Wasser helfen die Schwimmhäute an den Hinterbeinen beim Schwimmen.

So ist der Wasserfrosch an das Leben im und am Wasser angepasst.

schleimige Haut – schützt vor dem Austrocknen

lange Hinterbeine – gut für Hüpfen und Springen

klebrige Klappzunge – dient geschicktem Fang von Beute

Lungen – wichtig für die Atmung an Land

kräftige Schwimmhäute an den Hinterbeinen – verdrängen Wasser beim Schwimmen

MITMACHEN UND NACHDENKEN

2 Sammelt Bilder von Tieren, die im oder am Wasser leben.

3 Wie ist die Stockente an das Leben im Wasser angepasst? Halte einen Vortrag.

4 Beschreibe und male ein Tier, das im Wasser lebt.
Wie ist es an das Wasserleben angepasst?

INTERESSANT

Von April bis Juni ist die Paarungszeit der Frösche. Das Weibchen legt bis zu 4 000 Eier als Laichballen im Wasser ab. Es müssen so viele Eier sein, denn der Laich wird gern von anderen Tieren gefressen, zum Beispiel von Enten. Nur so viele Eier sichern, dass sich aus den restlichen Eiern Nachkommen entwickeln.

Gewässer kennen und schützen

Große Teile unserer Erde sind von Wasser bedeckt. Wasser macht es möglich,
dass auf der Erde Menschen, Tiere und Pflanzen leben und wachsen.
In der Natur gibt es Gewässer mit Salzwasser (alle Ozeane) und Gewässer
mit Süßwasser. Für die Menschen ist das Süßwasser lebensnotwendig.
Sie benötigen es zum Trinken, zum Gießen von Blumen, zum Kochen,
für die Arbeit in Fabriken …
Gewässer mit Süßwasser unterscheiden sich in fließende und stehende Gewässer.
Sie werden auch Fließ- oder Stillgewässer genannt.
Die meisten Gewässer entstanden auf natürliche Weise.
Manche wurden aber auch künstlich von Menschen angelegt.
Dazu gehören Kanäle, Teiche und Stauseen.

Fließgewässer

Rinnsal, Bach, Fluss, Strom,
Kanal

Stillgewässer

Tümpel, Weiher, See,
Teich, Stausee

Elbe

Staumauer Eibenstock

 Fließgewässer oder Stillgewässer? Informiere dich:
Elbe, Karl-Heine-Kanal, Ketzerbach, Bärwalder See, Talsperre Eibenstock.

Das Wasser in einem Fließgewässer
ist in Bewegung. Es entspringt meist
in einer Quelle und endet
in einem größeren Gewässer.

Gewässer benennen; fließende und stehende Gewässer unterscheiden;
Erkundungen durchführen, dokumentieren; Medien nutzen

Schädliche Stoffe:

Abgase

Regen

ungeklärte
Abwässer

Gülle,
Dünger

Was gefährdet Gewässer?

Viele Jahre lang haben Menschen Gewässer nicht sorgfältig behandelt. Abwässer von Fabriken und Haushalten wurden in Seen und Flüsse geleitet. Außerdem schwemmte der Regen Dünger und **Gülle** von den Feldern in die Gewässer.

Abwässer, Dünger und Gülle sind Nahrung für Pflanzen. Diese Nahrung fördert ein vermehrtes Pflanzenwachstum. Abgestorben bilden die Pflanzen fauligen Schlamm am Boden des Gewässers. Kleine Lebewesen bauen die toten Pflanzen ab, dabei entziehen sie dem Wasser den Sauerstoff. Je mehr fauligen Schlamm sie abbauen müssen, desto weniger Sauerstoff gibt es im Wasser. Diesen brauchen aber die Pflanzen und Tiere zum Leben im Wasser. Deshalb dürfen Gewässer nicht mit schädlichen Stoffen verschmutzt werden.

Die **Binnenschifffahrt** und die Sportboote beeinträchtigen zusätzlich den Lebensraum Gewässer.

Viele Menschen versuchen heute, die Flüsse und Seen zu schützen und sie wieder in ihren natürlichen Zustand zu bringen.

MITMACHEN UND NACHDENKEN

2 Schreibe eine Tabelle mit Fließ- und Stillgewässern aus deiner Umgebung.

3 Gestaltet mithilfe des Schaubildes und des Textes ein Poster zu den Gefahren für Gewässer.

INTERESSANT

In unserem Grundgesetz heißt es:
„Der Staat schützt auch in Verantwortung für die künftigen Generationen die natürlichen Lebensgrundlagen …"

(Artikel 20 a)

Leben im und am Wasser

1 Wähle Aufgaben aus. Forsche nach.

1 Pflanzen und Tiere fotografieren

Beachte:

- Schau genau hin.
- Habe Geduld.
- Knicke keine Pflanzen ab.
- Sei in der Umgebung von Tieren leise.
- Störe keine Vögel beim Brüten.

Wann findest du die besten Pflanzen- und Tiermotive?

2 Wasserpflanze im Glas

- Fülle in ein großes Glas etwas Aquariensand und kleine Kieselsteine.
- Stecke einen Stängel Wasserpest in den Boden. Das ist eine bekannte Pflanze für Aquarien.
- Fülle Wasser auf.
- Stelle das Glas ins Licht, aber nicht in die Sonne.
- Beobachte.

3 Teich anlegen

Mit einem Teich im Schulgarten könnt ihr einen künstlichen Lebensraum für Pflanzen und Tiere, die im Wasser leben, anlegen.

Informiert euch: Wie muss ein Teich gepflegt werden?

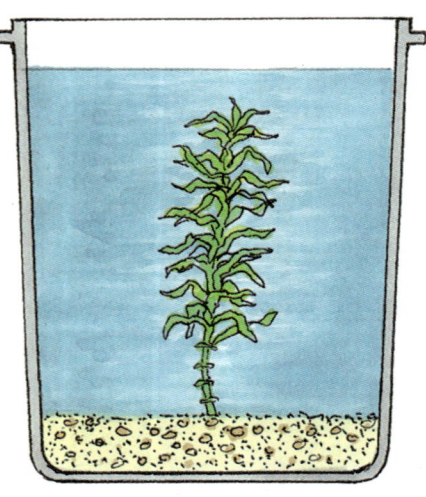

Gewässer als Lebensraum für Pflanzen und Tiere fotografieren; eine Wasserpflanze beobachten;
beim Anlegen eines Teiches helfen und sich an der Pflege eines Teiches beteiligen

Unsere Welt – Raum und Zeit

Der Himmelsraum: Sonne, Erde und Mond

Die Sonne ist eine sehr hell strahlende Gaskugel.
Sie ist der Mittelpunkt unseres Sonnensystems.
Acht Planeten kreisen um die Sonne.

Auch Zwergplaneten wie der Pluto
umkreisen die Sonne.

1 Merkur   4 Mars   7 Uranus
2 Venus   5 Jupiter 8 Neptun
3 Erde   6 Saturn   9 Pluto

Die Erde umkreist die Sonne mit
einer enormen Geschwindigkeit.
Etwa 30 Kilometer in der Sekunde
fliegt sie auf ihrem Weg
durch die Weite des Weltalls.
Wir spüren das nicht.
Die Erde hat einen kleinen Begleiter,
der sie umkreist. Das ist der Mond.

Warum heißt die Erde „der blaue Planet"?

Astronauten, die aus dem Weltraum
auf unsere Erde schauen, sehen einen
wunderbar blauen Himmelskörper.
Weil die Erdoberfläche mit viel
mehr Wasser als Land bedeckt ist,
erscheint sie den Astronauten
als blaue Kugel.

Wasser, Luft und Boden machen es möglich,
dass auf der Erde Menschen, Tiere und Pflanzen
leben können.

Unsere Erde ist reich an Schönheiten
und Wundern. Aber sie ist auch verletzlich
und sie braucht unseren Schutz.

Was umgibt unsere Erde?

Unsere Erde ist von einer mächtigen
Luftschicht umhüllt. Diese gasförmige
Hülle schützt uns vor dem gleißenden
Licht der Sonne und vor der Kälte
des Weltalls. Die Hülle enthält auch
den Sauerstoff, den Menschen, Tiere
und Pflanzen zum Leben brauchen.

Warum sieht der Mond jeden Abend anders aus?

Der Mond leuchtet nicht selbst, er wird von der Sonne beschienen und strahlt dieses Licht wieder ab.
Daher ist das Licht des Mondes eigentlich das Licht der Sonne.
Da der Mond die Erde umkreist, ändert sich seine Position zur Sonne ständig.
Deshalb siehst du von der Erde aus unterschiedlich viel von seiner beleuchteten Hälfte.
Dieses Phänomen heißt Mondphasen.
Die Zeit zwischen zwei gleichen Mondphasen dauert 29 Tage und einen halben Tag.

1 Wie erkennst du, ob der Mond gerade abnimmt oder zunimmt?

2 Danach wird der sichtbare Teil der beleuchteten Mondhälfte jeden Tag kleiner. Man sagt: Der Mond nimmt ab.

3 Bei Neumond schaust du auf die Mondhälfte, die nicht von der Sonne beschienen wird.

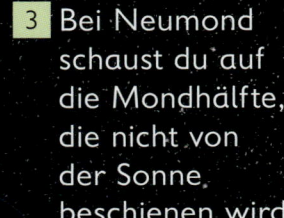

1 Bei Vollmond siehst du die beleuchtete Mondhälfte ganz.

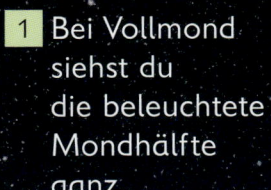

4 Danach zeigt sich jeden Tag mehr vom beleuchteten Teil des Mondes. Man sagt: Der Mond nimmt zu.

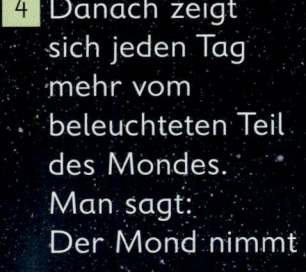

* Die Buchstaben einer alten Schrift waren Merkzeichen für den abnehmenden und zunehmenden Mond.

Geniale Forscher und Entdecker: Kopernikus und Galilei

 Wie stellten sich die Menschen im Mittelalter die Welt vor? Berichte.

Schon im Altertum beobachteten die Menschen den Himmel. Sie dachten, dass die Erde im Mittelpunkt des Weltalls steht: Um sie würden die Sonne, der Mond und alle Planeten kreisen. Schon damals aber zweifelten einige Gelehrte daran.

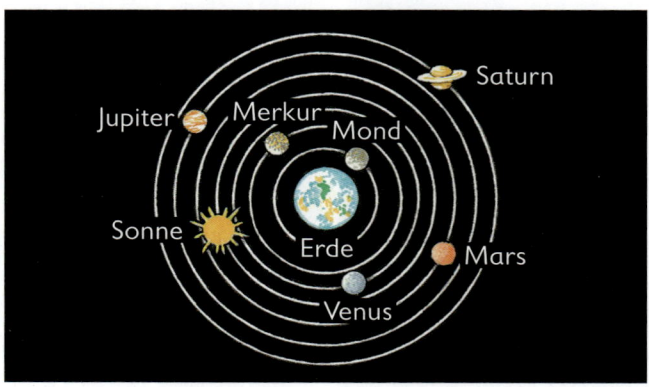

 Welches neue Weltbild vertrat Nikolaus Kopernikus?

Kopernikus erforschte lange Zeit den Himmelsraum. Es dauerte über 30 Jahre, bis er im Jahr 1543 ein bedeutendes Buch veröffentlichte. Darin erklärte er:

- Die Sonne steht im Mittelpunkt.
- Die Erde ist ein Planet und umkreist wie die anderen Planeten die Sonne.
- Die Erde dreht sich um ihre eigene Achse.
- Der Mond umkreist die Erde.

Diese Auffassungen wurde viele Jahre verlacht, kritisiert und bekämpft. Aber sie wurden später wissenschaftlich bewiesen.

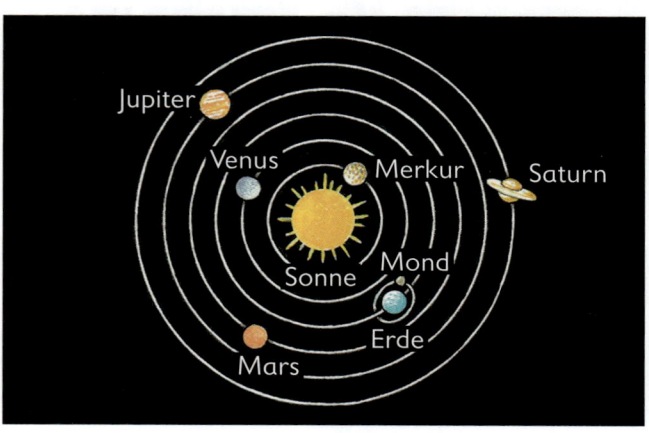

Nikolaus Kopernikus wurde 1473 in Thorn, das heute zu Polen gehört, geboren. Er studierte Theologie, Kirchenrecht, Mathematik, Medizin und Astronomie in Krakau, Bologna und Rom. Er interessierte sich besonders für Astronomie – die Himmelskunde. Nach langen Beobachtungen und Berechnungen entwarf Kopernikus ein neues Weltbild. Darin bildete nicht die Erde den Mittelpunkt des Weltalls, sondern die Sonne. Sein Weltbild wurde von der modernen Wissenschaft bestätigt.

Geniale Forscher

Galileo Galilei war gerade 21 Jahre alt, als Kopernikus
sein Buch über sein neues Weltbild veröffentlichte.
Der junge Italiener wollte unbedingt erforschen,
ob die Lehre von Kopernikus richtig ist.
In Holland hatte ein Brillenmacher gerade
das Fernrohr erfunden. Galilei baute es nach
und verbesserte es sogar.

So konnte er die Oberfläche des Mondes beschreiben.
Er entdeckte, dass auch der Planet Jupiter Monde hat.
Er fand heraus, dass die Sonne Sonnenflecken aufweist
und die Milchstraße aus unzähligen Sternen besteht.

Als die europäischen Staaten 1999 beschlossen,
ein neues Satellitenprogramm für Navigationsgeräte
zu starten, nannten sie es dem Forscher zu Ehren
„Galileo".

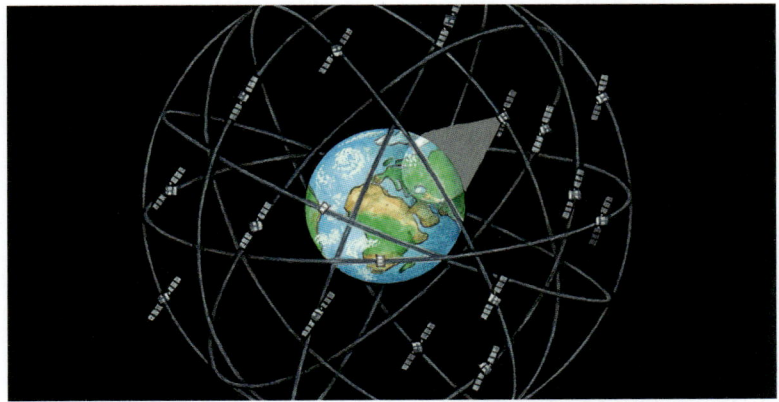

MITMACHEN UND NACHDENKEN

3 Betrachte den Mond mit einem Fernglas.
Was erkennst du?

4 Wie funktioniert ein Satellit?
Informiere dich im Internet unter
www.fragFINN.de: Suchwort „Satellit".

5 Frage Erwachsene, was sie über
das Satellitennavigationssystem „Galileo" wissen.

INTERESSANT

Galileo Galilei lebte
von 1564 bis 1642
in Norditalien. Er studierte
Medizin und Mathematik.
Schon mit 25 Jahren
war er Professor
für Mathematik. Galilei
machte zahlreiche,
bedeutende Entdeckungen.
Er war einer der ersten
Menschen, die ein Fern-
rohr benutzten, um den
Himmel zu beobachten.
Im Jahr 1632 bestätigte er
in einem Buch das Welt-
bild von Kopernikus.
Die katholische Kirche
war gegen dieses neue
Weltbild. Sie zwang
Galilei, es zurück-
zunehmen.
Bis zum Ende
seines Lebens wurde
der Forscher unter
Hausarrest gestellt.

Zeiträume wahrnehmen: Unsere Zeiteinteilung

 Lest die Tabelle zu unseren Zeiteinheiten. Stellt euch gegenseitig Fragen zum Umrechnen, zum Beispiel: Wie viele Minuten haben drei Stunden?

Tabelle der Zeiteinheiten

Einheit	Umrechnungsbeispiele
1 Jahr	1 Jahr hat 365 oder 366 Tage. 1 Jahr hat 12 Monate. 1 Jahr hat 52 Wochen.
1 Monat	1 Monat hat 28 bis 31 Tage.
1 Tag (d)	1 Tag hat 24 Stunden.
1 Stunde (h)	1 Stunde hat 60 Minuten.
1 Minute (min)	1 Minute hat 60 Sekunden.
1 Sekunde (s)	60 Sekunden sind 1 Minute.

LEICHTER LERNEN

- Umrechnen erfordert einige Übung.
- Am besten, ihr löst die erste Aufgabe mehrmals.
- Deckt die Lösungen ab und vergleicht anschließend.

Sicher habt ihr euch auch schon einmal gefragt, warum es diese verschiedenen Zeiteinteilungen gibt. Hier ist die Antwort: Über lange Zeiträume hinweg wurden die Bewegungen der Himmelskörper Erde, Mond und Sonne beobachtet. Das führte zur Festlegung der Zeiteinheiten Jahr, Monat und Tag.

Ein Jahr

Ein Jahr ist die Zeit, in der die Erde einmal die Sonne umkreist. Ein Jahr ist etwa 365 Tage und sechs Stunden lang.

Ein Monat

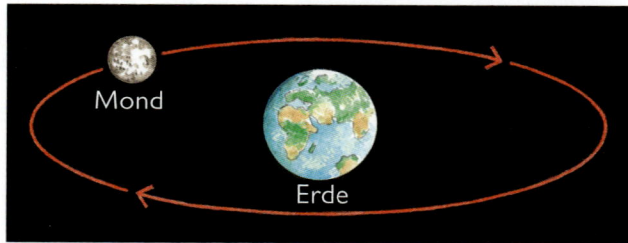

Ein Monat ist etwa die Zeit, in der sich der Mond einmal um die Erde bewegt. Der Mond umkreist die Erde etwa 12,4-mal im Jahr.

Ein Tag

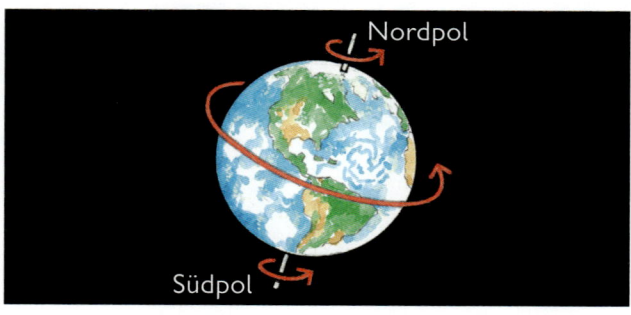

Ein Tag ist die Zeit, in der sich die Erde einmal um sich selbst dreht. Das dauert rund 24 Stunden.

Kulturell bedingte Zeiteinteilung in Bezug auf Sekunde, Minute, Stunde, Tag und Woche erfassen; Jahr als Resultat der Bewegung der Erde um die Sonne beschreiben

S. 2/3

Spannendes zur Zeiteinteilung

Warum hat eine Stunde 60 Minuten und eine Minute 60 Sekunden?

Schon vor vielen tausend Jahren, noch lange vor den Römern, hatten die **Babylonier** ein gutes Rechensystem entwickelt. Sie rechneten nicht wie wir heute in Schritten von 10, sondern von 60. Das hat sich für die Zeiteinteilung bis heute erhalten.

Warum hat die Woche in fast allen Ländern sieben Tage?

In der Bibel gilt die 7 als eine heilige Zahl. Vielleicht teilte man deshalb die Woche in sieben Tage ein. Auch dauerte ein Mondmonat etwa 28 Tage. Das lässt sich gut in viermal sieben Tage teilen.

Die Römer gaben den sieben Tagen der Woche die Namen von Himmelskörpern: Sonne, Mond, Mars, Merkur, Jupiter, Venus und Saturn. Einige Himmelskörper trugen Namen von Göttern, die von den Menschen vor langer Zeit verehrt wurden. Diese Namen haben später andere Völker Europas geändert oder abgewandelt.

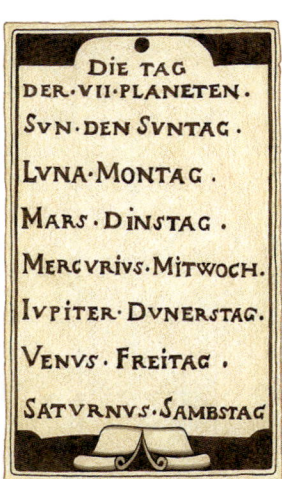

INTERESSANT

Die römischen Götternamen für die Himmelskörper wurden teilweise durch nordische Götternamen wie Tiu, Donar oder Freya ersetzt. Daher sind die Namen einiger Tage im Deutschen wie im Englischen von diesen Götternamen abgeleitet.

Sonne/Sunna:
Sonntag – Sunday

Mond:
Montag – Monday

Mars/Tiu:
Dienstag – Tuesday

Merkur/Wotan:
Mittwoch – Wednesday

Jupiter/Donar:
Donnerstag – Thursday

Venus/Freya:
Freitag – Friday

Saturn:
Samstag – Saturday

MITMACHEN UND NACHDENKEN

2 Wie viele Minuten hat eine Unterrichtsstunde in deiner Schule?

3 Was bedeuten die Abkürzungen **d** für Tag und **h** für Stunde?

4 Informiere dich im Internet, warum es Schaltjahre gibt. Lies im Internet unter www.fragFINN.de nach.

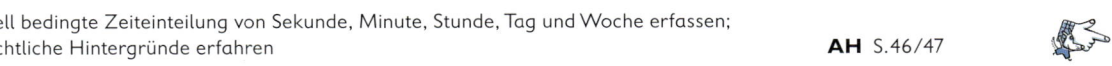

Zeiträume wahrnehmen: Ein Jahr

 Wähle dir einen Zeitstrahl aus. Erkläre, wie sich ein Tier, eine Pflanze oder ein Mensch in einem Jahr verändern.

Kartoffelkäfer

	Januar	Februar	März	April	Mai

Lebensdauer der Käfer: etwa 2 Jahre

Kartoffelkäfer überwintern in Spalten im Boden oder unter Blättern. In kalten Wintern kriechen sie auch tiefer in den Boden hinein.

Die Käfer verlassen ihr Winterversteck.

Die Käfer fliegen umher und fressen.

Sonnenhut

	Januar	Februar	März	April	Mai

Lebensdauer der Pflanze: 1 Jahr

Die Pflanzen überwintern als Samen. Die Samen können in luftdurchlässigen Tüten dunkel und trocken aufbewahrt werden. Man kann auch Samen kaufen.

Samen werden in Schalen oder im Frühbeet ausgesät.

Ende Mai werden die Pflänzchen ins Freie gepflanzt.

Ein Mensch im ersten Lebensjahr

	Januar	Februar	März	April	Mai

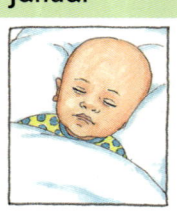    

Geburt: Januar 2016 Hohes Alter: 100 Jahre

Das Baby ist 50 cm groß. Es schaut schon Spielzeug an.

Das Baby kann im Liegen bereits den Kopf heben.

Das Baby steckt sich Spielzeug in den Mund.

Das Baby ist 56 cm groß und stützt sich ab.

Das Baby dreht sich vom Rücken auf den Bauch.

Der Mensch sagt: „Die Zeit vergeht." Die Zeit sagt: „Der Mensch vergeht."

Zeiträume erfassen: Monate, ein Jahr; Veränderungen im Jahreslauf in Bezug auf das Leben von Pflanzen, Tieren und Menschen erkennen; Zeitstrahl lesen

Juni	Juli	August	September	Oktober	November	Dezember

  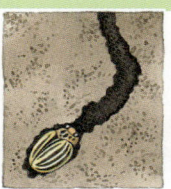

Die Weibchen legen Eier ab. Die Raupen schlüpfen, fressen und verpuppen sich.

Neue Käfer schlüpfen und legen Eier ... Eine zweite Generation wächst heran.

Die Käfer verkriechen sich.

Die Käfer überwintern bis zum Wachsen der Kartoffeln im Frühjahr.

Juni	Juli	August	September	Oktober	November	Dezember

Sonnenhüte lieben sonnige Standorte.

Die Pflanzen blühen von Juli bis Oktober. Die großen Blüten zeigen sich in gelben, roten, braunen und orangen Farben. Im Oktober welken die Pflanzen und sterben ab.

Bleiben die abgeblühten Blütenstände stehen, säen sich die Samen selbst aus.

Juni	Juli	August	September	Oktober	November	Dezember

  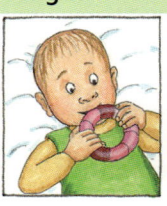    

Das Baby greift nach bunten Spielsachen.

Das Baby hält sein Fläschchen allein.

Das Baby wiegt nun 6500 g.

Das Baby sitzt allein aufrecht und spielt.

Das Baby krabbelt neugierig überall hin.

Das Baby kann knien und im Buch blättern.

Das Baby ist 76 cm groß und kann stehen.

MITMACHEN UND NACHDENKEN

2 Notiere und zeichne auf einen Zeitstrahl wichtige Ereignisse, die du in einem Jahr erlebst. Beginne den Zeitstrahl in diesem Monat.

Zeiträume erfassen: Monate, ein Jahr; Veränderungen im Jahreslauf in Bezug auf das Leben von Pflanzen, Tieren und Menschen erkennen; Zeitstrahl lesen

Zeitverläufe darstellen

 Wähle Aufgaben aus. Forsche nach.

Ich schreibe, was ich erlebe, in mein Tagebuch.

1 Lebensabschnitte

Hier siehst du einen Menschen in verschiedenen Altersstufen. Überlege: Wie alt könnte die abgebildete Person jeweils sein? Wie stellst du dir wichtige Abschnitte deines Lebens vor? Zeichne ein Bild.

2 Ein Zeitband herstellen

- Fülle einen Monat lang ein Zeitglas.
- Schreibe Zettel mit diesen Angaben: Tag – Datum – schönes Erlebnis.
- Stecke die Zettel in das Glas.
- Sortiere die Zettel am Endes des Monats nach dem Datum.
- Klebe alle Zettel auf.

1. Oktober   Dienstag
Mit Bello in der
Hundeschule

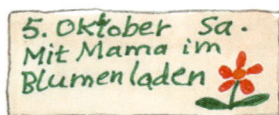

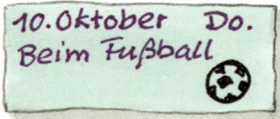

So kannst du dich gut an die schönen Erlebnisse erinnern.

3 Einen Zeitstrahl gestalten

1   10   20   30   Datum

Beim Fußball gewonnen

Gestalte einen Zeitstrahl für wichtige Ereignisse in diesem Monat.

Zeit erfassen, auch in Bezug auf unterschiedliche Lebensalter des Menschen; über Lebenszeit reflektieren

S. 8/9

Im Sommer

Woher kommt unser Trinkwasser?

Stoßt ihr schon auf Grundwasser?

Wasser bei uns und anderswo

 Findet zu den Texten und Bildern passende Überschriften.

In Deutschland sind alle Haushalte mit sauberem Wasser versorgt. Das Leitungssystem umfasst über 400 000 km Leitungen. Es würde fast zehnmal um die Erde reichen. Etwa 6 000 Unternehmen gewinnen Wasser aus Grundwasser, Quellwasser und Oberflächenwasser. Sie säubern, speichern und verteilen es. Trinkwasser wird streng auf schädliche Stoffe kontrolliert.

Haushalte in reichen Ländern der Welt sind an ein Netz angeschlossen, das sie mit Wasser versorgt. Ein zweites Netz transportiert gebrauchtes Wasser ab (zum Beispiel Spül- oder Duschwasser). Diese Haushalte verbrauchen etwa zehnmal so viel Wasser wie Haushalte in armen Ländern. Mindestens 50 Liter sauberes Wasser pro Tag braucht ein Mensch zum Trinken, zum Kochen und zum Sauberhalten. Dann können Menschen gesund und leistungsfähig bleiben. Aber vielen Menschen in der Welt fehlt diese Menge an sauberem Wasser.

Wasserverbrauch für eine Person am Tag in Deutschland im Jahr 2016: 12 Eimer

Zur Verfügung stehendes Wasser für eine Person am Tag in Benin (Westafrika) im Jahr 2016

1 Eimer: 10 Liter Wasser

Wasser als Ressource beschreiben; knapper werdende Wasservorräte und erschwerten Zugang zu sauberem Trinkwasser in großen Teilen der Erde besprechen

 S. 2/3

Trinkwasserversorgung in Afrika

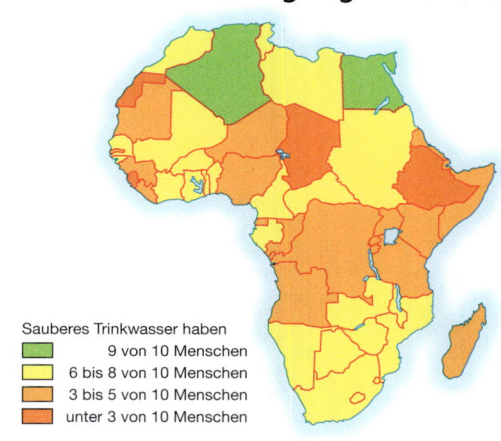

Sauberes Trinkwasser haben
- 🟩 9 von 10 Menschen
- 🟨 6 bis 8 von 10 Menschen
- 🟧 3 bis 5 von 10 Menschen
- 🟥 unter 3 von 10 Menschen

Für das Mädchen Xetsa aus Benin
ist Wasser etwas Kostbares.
In ihrem Dorf gibt es jetzt einen Brunnen.
Früher lief sie täglich fünf Kilometer zur
Wasserstelle. Das braune Wasser roch
faulig, oft wurde davon jemand krank.
Nun erhält jeder im Dorf
klares und sauberes Wasser.
Xetsa hat viel mehr Zeit.
Sie kann nun die Schule besuchen.
Die Familien bauen Hirse und Gemüse an.
Niemand im Dorf muss mehr hungern.

INTERESSANT

Wasser und Land auf der Erde

Salzwasser und Süßwasser auf der Erde

Salzwasser

Süßwasser

Süßwasser auf der Erde

Eis, Gletscher, Schnee

Grundwasser

Flüsse, Bäche, Seen, Wolken, Regen

MITMACHEN UND NACHDENKEN

2 Suche das Land Benin im Atlas.

3 Wertet die Übersicht „Trinkwasser-versorgung in Afrika" aus.

4 Fertigt zum Thema einen Wandfries an. Sucht Texte und Bilder oder malt und schreibt.

Wasser als Ressource beschreiben; knapper werdende Wasservorräte und erschwerten
Zugang zu sauberem Trinkwasser in großen Teilen der Erde besprechen

S. 4/5, 10/11   99

Trinkwasser und Abwasser

 Erkläre mithilfe der Abbildungen die Gewinnung von Trinkwasser
oder die Reinigung von Abwasser.
Wähle das entsprechende Schema aus.

Gewinnung des Trinkwassers aus Grundwasser

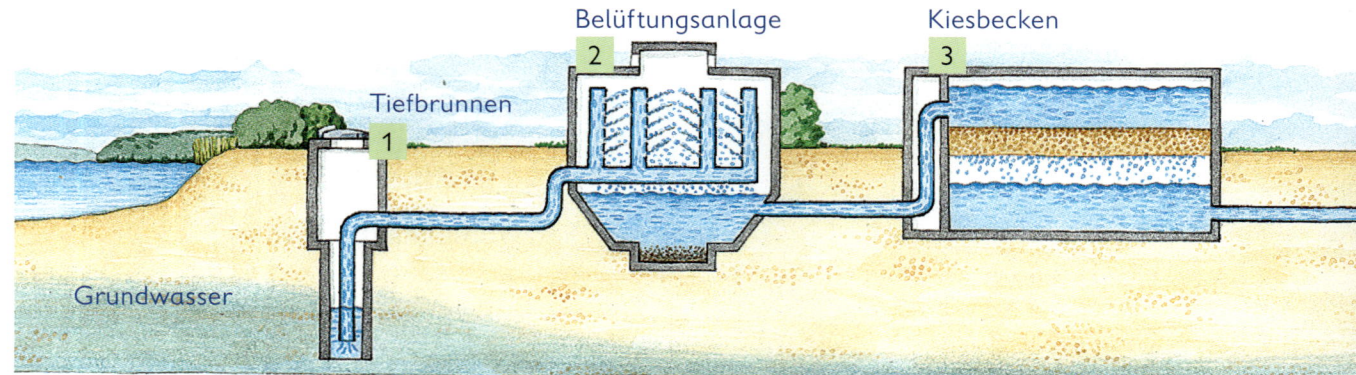

1 Grundwasser wird
in Tiefbrunnen gesammelt
und mit Pumpen
nach oben befördert.

2 Im Wasserwerk wird
das Wasser belüftet.
Dabei verbinden sich
schädliche Stoffe
zu Flocken.

3 Das Wasser läuft
zur Reinigung durch
Kiesschichten. Dort
werden die Flocken
aufgefangen.

Reinigung von Abwasser

1 Abwasser aus den
Gebäuden fließt durch
Abwasserrohre und
Regenwasser von den
Straßen durch Gullys
in die Kanalisation.

2 Unter den Straßen
werden die Abwässer
in der Kanalisation
gesammelt und in
ein Klärwerk geleitet.

3 An einem Rechen
bleiben zuerst Holz, Papier
und grobe Teile hängen.
Danach setzt sich
Sand ab. Hier werden
auch Fette von der
Oberfläche abgesaugt.

Die Aufbereitung des Wassers für Trinkwasser beschreiben;
Wasser als Ressource wahrnehmen; Abwasseraufbereitung kennenlernen

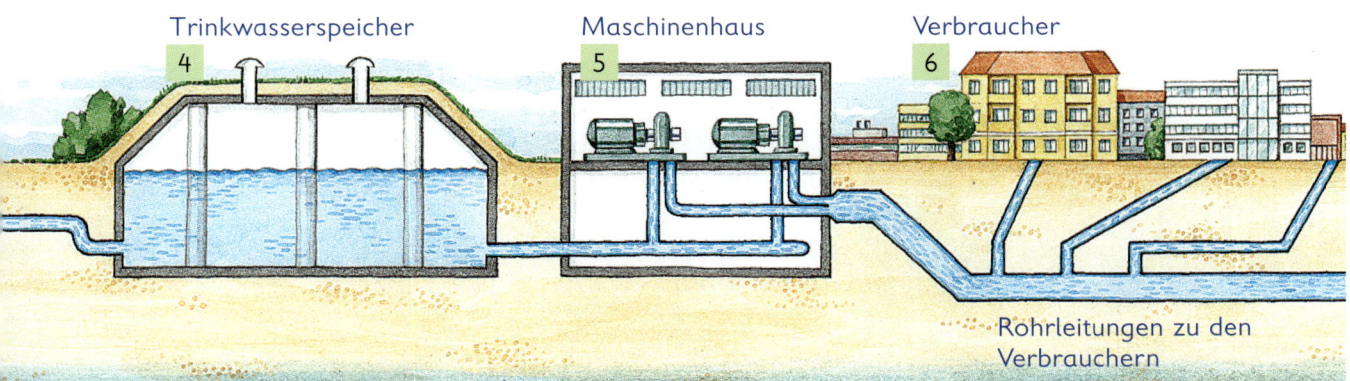

Trinkwasserspeicher   Maschinenhaus   Verbraucher

Rohrleitungen zu den
Verbrauchern

4 Sauberes Trinkwasser wird in Reinigungsbehältern gespeichert und bei Bedarf abgegeben.

5 Trinkwasserpumpen pumpen das Wasser durch Rohrleitungen zu den Verbrauchern.

6 Die Verbraucher müssen das Trinkwasser bezahlen. Wasseruhren zählen den Wasserverbrauch in jeder Wohnung.

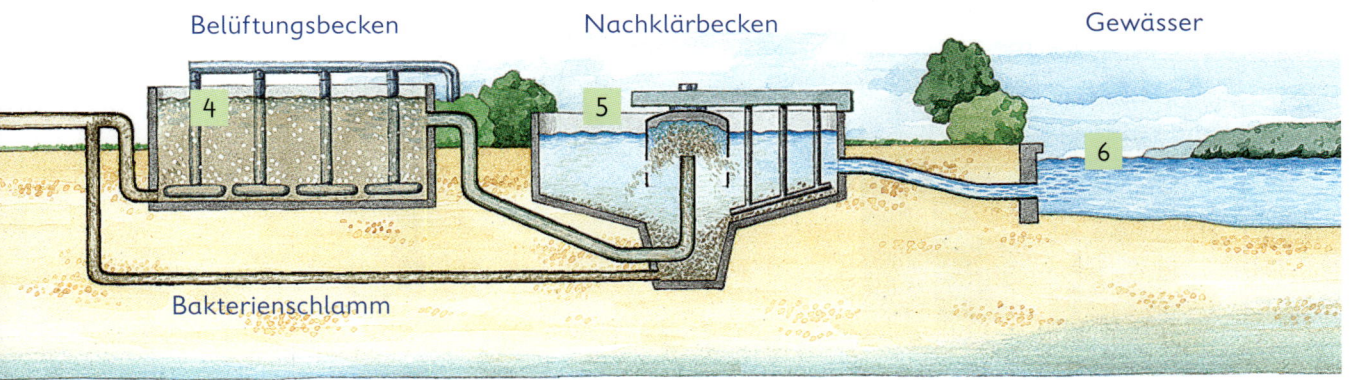

Belüftungsbecken   Nachklärbecken   Gewässer

Bakterienschlamm

4 In einem Belüftungsbecken werden dem Wasser viel Sauerstoff und Bakterien zugesetzt. Die Bakterien „fressen" die restlichen Schmutzteilchen.

5 Im Nachklärbecken sinkt der Schlamm mit den Bakterien zu Boden. Der Schlamm mit den Bakterien fließt wieder in das Belüftungsbecken.

6 Nun ist das Wasser so sauber, dass es wieder in Seen oder Flüsse eingelassen werden kann.

Trinkwasser aus Talsperren

1 Berichte: Woher bekommen die Thüringer ihr Trinkwasser?

In Thüringen haben alle Einwohner Zugang zu sauberem Trinkwasser. Meist wird in der Nähe vieler Orte aus Tiefbrunnen Grundwasser geschöpft und zu Wasserwerken geleitet.

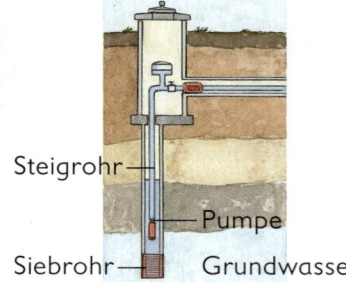

Steigrohr

Pumpe

Siebrohr — Grundwasser

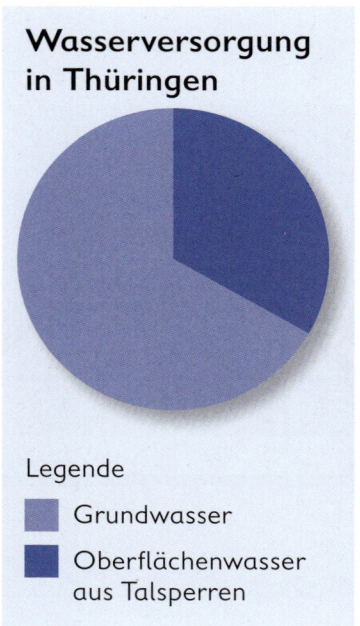

Wasserversorgung in Thüringen

Legende

- Grundwasser
- Oberflächenwasser aus Talsperren

Grundwasser wird in Tiefbrunnen gesammelt und später von den örtlichen Wasserversorgern zu Trinkwasser aufbereitet.

Zur Trinkwasserversorgung wird auch Wasser von Flüssen (Oberflächenwasser) genutzt. Talsperren in der Nähe der Quelle von Flüssen sammeln das wertvolle Wasser.

Kommt, wir wandern mal um die Talsperre.

Am kleinen Fluss Lichte wurde im Jahr 2005 in der Nähe des Ortes Meura die Talsperre Leibis-Lichte errichtet. Sie versorgt 400 000 Einwohner mit sauberem Trinkwasser. Gleichzeitig dient sie dem Hochwasserschutz und erzeugt Strom.

Trinkwassertalsperren liegen in Wasserschutzgebieten. In den Gebieten wird dafür gesorgt, dass das Wasser nicht verunreinigt wird. Es gibt strenge gesetzliche Vorschriften.

Wasser als Ressource wahrnehmen; sich über Talsperren als Wasserreservoir informieren; Regeln des Trink- und Gewässerschutzes einhalten

Wie eine Talsperre funktioniert

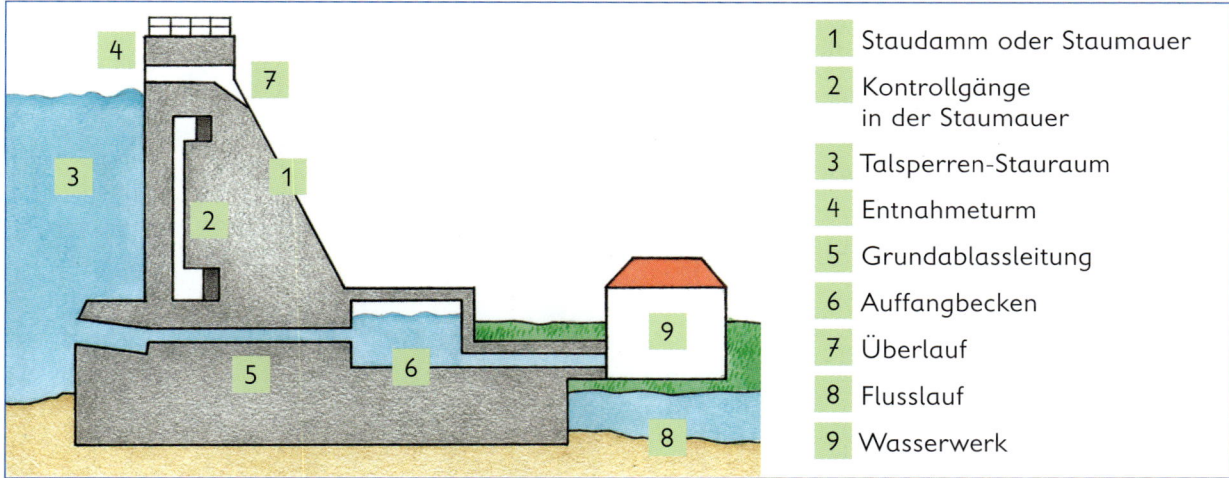

1	Staudamm oder Staumauer
2	Kontrollgänge in der Staumauer
3	Talsperren-Stauraum
4	Entnahmeturm
5	Grundablassleitung
6	Auffangbecken
7	Überlauf
8	Flusslauf
9	Wasserwerk

In der Nähe des Staudamms **1** gibt es Entnahmetürme **4** . Dort wird Wasser aus dem Talsperren-Stauraum **3** entnommen und durch Rohre zum Wasserwerk **9** geleitet. Im Wasserwerk erfolgt die Aufbereitung des Wassers zu Trinkwasser.

Der Talsperren-Stauraum **3** lässt sich mit einer Badewanne vergleichen. In der Badewanne befindet sich Wasser. Du kannst den Stöpsel verschließen oder ziehen, um die Wassermenge zu regulieren.

Diese Aufgabe übernimmt bei einer Talsperre der Staumeister. Er schließt oder öffnet den Zugang zur Grundablassleitung **5** und kann so den Wasserstand im Stauraum **3** regulieren. Der angestaute Fluss **8** wird dadurch unterhalb der Stauanlage mit weniger oder mehr Wasser versorgt.
Bei Hochwasser im Stauraum kann das Wasser außerdem durch einen Überlauf **7** abfließen.
Den gibt es auch am oberen Rand der Badewanne, sodass die Wanne nicht überlaufen kann.

LEICHTER LERNEN

Schlüsselwörter auswendig lernen

- Lies den Text, betrachte die Zeichnung.
- Wenn du sie verstanden hast, merke dir nur wichtige Wörter, die Schlüsselwörter.
- Dann kannst du den Inhalt leicht wiedergeben.

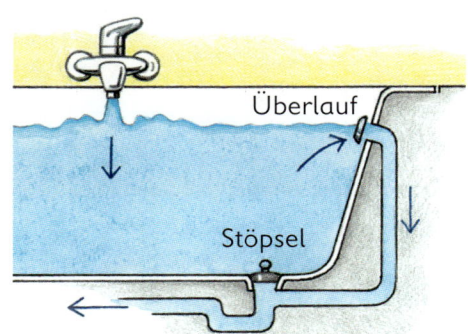

MITMACHEN UND NACHDENKEN

2 Erkundige dich: Welche Talsperre liegt in der Nähe deines Wohnortes?

3 Informiere dich über Regeln in Trinkwasserschutzgebieten.

Wasserkraft und Windkraft

 Vergleiche Wasserrad und Wasserkraftwerk.

Bis vor 300 Jahren hatten die Menschen
drei wichtige Energiequellen,
um Arbeit zu verrichten:
- die eigene Muskelkraft und
  die ihrer Tiere,
- die Kraft des Wassers und
- die Kraft des Windes.

Um Wasserkraft zu nutzen, baute man
an Bächen und Flüssen Wasserräder.

Energie aus Wasserkraft

Bei diesem Mühlrad fließt das Wasser
über eine Rinne in geschlossene Zellen.
Das Gewicht des Wassers drückt
das Mühlrad herunter. Es beginnt sich
zu drehen.
Aus der Fließbewegung des Wassers wird
die Drehbewegung des Mühlrades. Die
Mühlräder wiederum treiben Mühlsteine,
große Hämmer oder Sägen an.

Wir bauen
ein Wasserrad.
Hast du eine Idee?

3 Korken, 2 Zahnstocher,
8 gleichgroße Rechtecke, aus einer
Margarinedose geschnitten

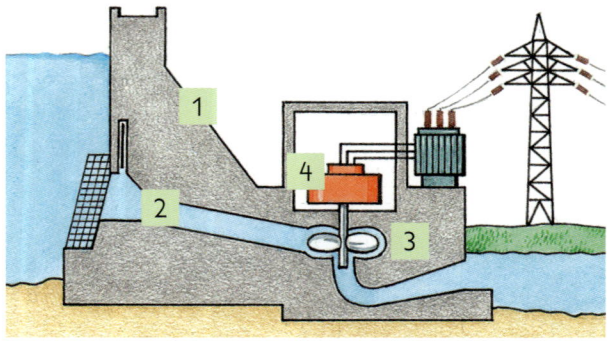

In Wasserkraftwerken wird die Energie
des strömenden Wassers in elektrische
Energie umgewandelt.

Das Wasser wird hinter einer Stau-
mauer 1 aufgestaut und gespeichert.
In der Staumauer fließt das Wasser 2
mit hohem Druck durch eine
Wasserturbine 3 . Diese treibt einen
Generator 4 an und erzeugt Strom.
Der Strom wird zum Umspannwerk
weitergeleitet.

Die Bedeutung des Wassers als erneuerbarer Energieträger beschreiben
(Wassermühlen, Turbinen)

S. 2/3

Energie aus Windkraft

Windmühlen um 1780

Windräder heute

Der Wind treibt die Flügel der Wind-
mühle an. Die Drehbewegung
der Mühlenflügel wird über eine Welle
auf ein Mahlwerk, eine Ölpresse
oder auch ein Sägewerk übertragen.
So wird mit Windkraft Mehl gemahlen,
Öl gewonnen oder Holz gesägt.
Windmühlen standen an windreichen
Orten: im Flachland, auf Bergen oder
in der Nähe des Meeres.

Ein Windrad ist eine Maschine, die Wind-
energie in elektrische Energie umwandelt.
Ein großes Windrad kann etwa
800 Haushalte mit elektrischem Strom
versorgen. Windräder arbeiten sauber,
ohne Abgase und ohne Abfall.
Sie erzeugen aber Lärm und sind
für Vögel lebensbedrohlich. Windräder
stehen an Orten mit viel Wind –
auf Hügeln, in weiten Ebenen oder
auf riesigen Plattformen im Meer.

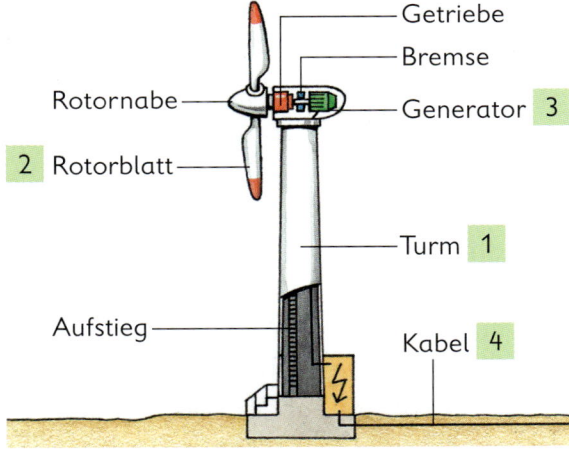

Getriebe
Bremse
Rotornabe
Generator 3
2 Rotorblatt
Turm 1
Aufstieg
Kabel 4

Der Turm 1 trägt die Rotorblätter 2 .
Bläst der Wind, so drehen sich
die Rotorblätter. Ihre Drehbewegung
wandelt der Generator 3 in Strom um.
Der Strom wird über Kabel 4
zum Kraftwerk geleitet.

**MITMACHEN UND
NACHDENKEN**

2 Bastle ein Windrad.
Ideen findest du im Internet.

3 Forsche nach:
Warum bezeichnet man
Wasser und Wind
als alternative Energiequellen?

Naturgewalten – Wasser und Wind

1 Wähle eine Aufgabe aus. Forsche nach.

1 Trinkwasserverbrauch

Werte die Grafik aus.

Liter Täglicher Wasserverbrauch einer Person

50
45
40
35
30
25
20
15
10
5
0

Trinken, Kochen | Körperpflege | Geschirr spülen | WC | Wäsche waschen | Wohnung reinigen

2 Bilderrätsel

Löse und deute das Rätsel.

3 = s
4 = s

~~1~~ ~~3~~

~~4~~ ~~5~~ 6 7

3 Windkraft: Pro und Kontra

Sortiert die Argumente und schreibt sie in eine Tabelle.

- Windkraftwerke sind für die Menschen nicht gefährlich, wie zum Beispiel Atomkraftwerke.
- Die großen Windräder passen nicht in die Landschaft, sondern verschandeln sie.
- In eine Region, in der sehr viele Windräder stehen, kommen weniger Touristen.
- Windräder machen Lärm. Sie stören in der Nähe lebende Menschen und sind für Vögel gefährlich.
- Windkraft erzeugt keinen Abfall.
- Windkraft erzeugt keine schädlichen Gase, die sich auf das Klima auswirken.

Windkraft: Pro und Kontra	
Pro (dafür)	Kontra (dagegen)

Befrage einen Erwachsenen, was er zu den Argumenten meint.

Mit Medien leben

In welchen Medien finde ich
passende Informationen für ein Thema?

Medien beurteilen

1 Bildet Gruppen, die jeweils als **Jury** arbeiten. Jede Gruppe wählt ein Medium für Kinder von früher und von heute aus. Beurteilt es. Sammelt eure Ergebnisse in einer Tabelle.

Ein Medium beurteilen		
Name des Mediums	Das erwarten wir von dem Medium	Das haben wir geprüft und festgestellt
Comic		
Web-Seite		

Ich packe meinen Koffer nach einer Checkliste.

Eine Einkaufsliste ist auch eine Checkliste.

LEICHTER LERNEN

Checklisten

- Wer ein Medium beurteilen will, braucht eine Checkliste, in der aufgeschrieben steht, wonach beurteilt werden soll.
- Ihr legt zum Beispiel fest, was ihr vom Medium erwartet: Es soll:

  unterhalten – Spaß bringen – interessant sein – gut informieren – gut gestaltet sein.

Checklisten sparen Zeit bei der Arbeit, sind immer wieder zu verwenden und du lernst, deine Gedanken zu ordnen.

Medien ansehen, anhören usw. und hinsichtlich verschiedener Kriterien beurteilen; Bedeutung einer Checkliste erkennen   AH S. 50/51

Jährlich findet in Gera und Erfurt ein großes Ereignis statt. Es heißt „Deutsches Kinder-Medien-Festival Goldener Spatz". Dazu werden Filme und Fernsehsendungen für Kinder eingereicht und je eine Woche lang gezeigt. Eine **Jury** mit Kindern im Alter von 9 bis 13 Jahren aus Deutschland und anderen Ländern und eine Jury von Fachleuten bewerten alles und vergeben Preise. Für die besten Kinofilme und Fernsehsendungen wird der Preis „Goldener Spatz" vergeben. Preise erhalten auch das beste Drehbuch, die besten Darsteller und die beste Musik. Ausgezeichnet werden ebenso Filme, die Kinder produziert haben, die besten Webseiten über Kinderfilme sowie das beste Onlinespiel.

Mit welchen Begründungen werden Preise vergeben?

Ich bin begeistert.

So neuartig.

Sehr informativ.

INTERESSANT

Checkliste Film

Die Geschichte ist
• mitreißend und glaubwürdig,
• zum Weinen und zum Lachen,

• etwas Besonderes,
• nachdenklich, aber auch komisch,
• außergewöhnlich,
• beeindruckend.

• Die Geschichten in kleinen Filmen machen Spaß.
• Man lernt etwas daraus.

MITMACHEN UND NACHDENKEN

2 Informiere dich über Preisträger des letzten Festivals. Stelle ein Beispiel vor.

3 Du willst eine Webseite für einen Vortrag nutzen. Stelle eine Checkliste für das Beurteilen einer solchen Webseite zusammen.

Medien gestalten

Jeden Tag, jede Woche, jeden Monat, jedes Jahr …
geschehen interessante Dinge in eurer Schule.
Medien helfen euch, diese Ereignisse zu dokumentieren.
So könnt ihr andere Menschen informieren
und euch selbst später erinnern.

Ich würde eine Webseite der Schule erstellen.

 1 Erstellt eine Klassenzeitung. Arbeitet in Gruppen.
So könnt ihr vorgehen:

1. Schritt:

Redaktionsteam zusammenstellen
- Je drei Kinder bilden ein Team.
- Jedes Team erarbeitet zwei Seiten.

2. Schritt:

In einer gemeinsamen Redaktionssitzung
wird besprochen und festgelegt:
- Wie soll das Titelbild aussehen?
- Wie sollen die Seiten aussehen
  (Schrift, Bilder …)?
- Wer bearbeitet welche Inhalte?
  Zum Beispiel:
    - Aus dem Schulleben
    - Aus dem Schulort
    - Aus aller Welt
    - Aktuelles Interview
    - Schon gewusst?
    - Rätsel und Witze

3. Schritt:

- Die Teams arbeiten und treffen sich
  zur nächsten Redaktionssitzung.
- In der Redaktionssitzung werden
  die Seiten angesehen und korrigiert.
- Die Anordnung der Seiten
  in der Zeitung wird besprochen.

4. Schritt:

- Die Zeitung wird vervielfältigt
  und an die Klassen ausgeliefert.

Eine Klassenzeitung erstellen, die Schrittfolge lesen und in der Praxis umsetzen;
eigene Erfahrungen bei der Mediengestaltung einbringen

Zum „Tag der offenen Tür" kann eine Schautafel an besondere Ereignisse aus der Schulvergangenheit erinnern.

 Gestaltet eine Schautafel.

Überlegt, wen ihr um Material bitten könnt. Stöbert auch im Schularchiv. Sammelt alles in Kartons und legt dazu ein Verzeichnis an. Schützt die wertvollen Zeitzeugnisse.

Und was ist mit einem Hörspiel …

Bilder und Texte lockern die Schautafel auf. Fotos erinnern an Personen, die in der Schule gearbeitet und gelernt haben.

Kurze Texte und selbst gemalte Bilder erzählen zur Geschichte der Schule. Die Angabe der Jahreszahl darf nicht fehlen.

ca. 1953: Frau Huttler mit Schülern
Der Unterricht fand im Zwei-
Schichtbetrieb statt,
weil es nicht genug Räume gab.
Franz Eibl

Am 1. September 1970 wurden 50 Erstklässler eingeschult.

Frau Riemer
Direktorin

KATI 1A

Juni 2015: Nach fast einem Jahr Umbauzeit ist die neue Bibliothek eingerichtet.
Es gibt gemütliche Leseecken und mehrere Computerarbeitsplätze.

RICO, MARIE Klasse 4b

Mit Humor geht alles besser, auch bei uns in der Schule. Witzige Zeichnungen regen zum Schmunzeln an.

Eine Schautafel gestalten, die Hinweise zur Gestaltung der Tafel nutzen;
über die Bedeutung einer „Zeitreise" durch die Geschichte der eigenen Schule nachdenken

111

Medien im Alltag

 Wähle Aufgaben aus. Forsche nach.

1 In Gruppen Plakate gestalten

Meine Zeit mit Medien

Ich lese gern.

Meine Zeit ohne Medien

Ich spiele gerne Fußball.

Was macht ihr gern in der Freizeit?
Schreibt Texte und malt oder schneidet Bilder aus. Sortiert euer Material nach den Überschriften der Plakate. Klebt Texte und Bilder entsprechend auf. Wertet die Ergebnisse aus.

2 Medien früher und heute

Interviewe deine Großeltern:
Welche Medien habt ihr als Kinder genutzt?
Wertet die Befragung in der Klasse aus.
Welche Medien gab es in der Kinderzeit eurer Großeltern noch nicht?

Mein liebstes Medium ist der Fotoapparat.

Überlegungen zur Mediennutzung im Alltag treffen und Zeiten mit und ohne Medien unterscheiden (Was ist gut? Was schadet meiner Entwicklung?); technische Weiterentwicklung im Medienbereich kennenlernen; ein Rätsel lösen

Zum Nachschlagen

Alkohol   S. 37

Alkohol ist ein natürlicher Stoff. Er entsteht durch Gärung: Dafür mischt man Getreide oder Früchte mit bestimmten Zusätzen, die den Zucker und die Stärke aus den Früchten oder dem Getreide in Alkohol umwandeln. Nach der Gärung wird dann Wein, Bier oder Schnaps hergestellt. Alkohol ist zwar ein natürlicher Stoff, aber auch ein Gift und eine Droge. Wer regelmäßig größere Mengen an Alkohol trinkt, kann süchtig und schwer krank werden.

Austreiben   S. 17

Licht und Wärme bestimmen im Frühjahr das Austreiben der Blattknospen. Mit dem Austreiben beenden Bäume ihre Winterruhe. Ihre Knospen werden mit Wasser und Nährstoffen versorgt und brechen auf. Die Bäume werden wieder „grün".

Babylon, Babylonier   S. 93

Babylonier heißen die Menschen, die in Babylonien lebten. Babylonien ist der Name für verschiedene Reiche, die es vor sehr langer Zeit gab – die ersten ungefähr 3500 Jahre vor heute. Die Babylonier lebten im Gebiet des heutigen Irak, zwischen den Flüssen Euphrat und Tigris. Die Hauptstadt des Babylonischen Reiches war Babylon. Die Babylonier hatten eine Keilschrift erfunden und kannten bereits Gesetzestexte. Für die Landwirtschaft hatten sie ein Bewässerungssystem entwickelt und nutzten Pflüge.

Barbarossa   S. 57

Barbarossa ist der Beiname von Friedrich I. Er war seit 1152 deutscher König und trug einen stattlichen roten Bart. Auf Italienisch heißt roter Bart „Barbarossa". Im Jahr 1155 wurde Friedrich I. Kaiser des Deutschen Reiches. Er war sehr streitbar. Mehrmals zog er mit einem Heer nach Italien, um gegen italienische Städte Krieg zu führen. Als er im Jahr 1190 mit seinen Soldaten durch die heutige Türkei zog, ertrank er in einem Fluss. Bis heute weiß man nicht, wo sich sein Grab befindet.

Binnenschifffahrt   S. 85

Binnenschifffahrt ist die Schifffahrt auf Flüssen, Kanälen und Seen.

Biosphärenreservat   S. 56

Biosphärenreservate sind Gebiete, die erhalten bleiben sollen, zum Beispiel die Heidelandschaften mit ihren besonderen Pflanzen und Tieren. In diesen Gebieten sollen Menschen und Umwelt besser miteinander auskommen. Die Menschen sollen also weiterhin dort leben und arbeiten, dabei aber mit der Natur schonend umgehen. Deshalb gibt es dort zum Beispiel für den Bau von Straßen oder Häusern besonders strenge Regeln.

Dorfschule   S. 25

Dorfschulen in Afrika können sehr unterschiedlich sein. Es gibt kleine Schulen, bei denen alle Kinder in eine einzige Klasse gehen. Andere Dorfschulen sind groß und gut ausgestattet. Sie werden von mehreren Hundert Schülern besucht. Gemeinsam ist den Dorfschulen, dass sie in abgelegenen Gegenden liegen. Die nächste Stadt ist oft weit entfernt und der Weg dorthin mühsam.

Down-Syndrom   S. 27

Ein Syndrom ist ein Krankheitsbild. Das Down-Syndrom ist angeboren. Menschen mit dem Down-Syndrom sind oft etwas kleiner gewachsen, haben ein rundliches Gesicht und mandelförmige Augen. Meist haben sie eine geistige Behinderung, die aber unterschiedlich stark sein kann. Auch körperlich sind sie eingeschränkt. Viele haben zum Beispiel einen Herzfehler oder schlechte Augen. Oft können sie nicht gut sprechen und lernen langsamer als andere. Aber durch die richtige Förderung kann ihnen geholfen werden – sie können dann eine Ausbildung machen und einen Beruf ausüben.

Einmündungen   S. 76

Wenn eine Straße auf eine andere trifft und dort endet, dann handelt es sich um eine Einmündung. Sie unterscheidet sich also von einer Kreuzung, bei der beide Straßen fortgesetzt werden.

Einzugsgebiete   S. 55

Das Gebiet, aus dem ein Bach, ein Fluss oder ein Strom sein Wasser bekommt, ist dessen Einzugsgebiet. Die Niederschläge, die in dem Gebiet gefallen sind, fließen in Richtung des Gewässers. Jeder Bach und jeder kleine Fluss hat also ein Einzugsgebiet. Je größer der Fluss, desto größer sein Einzugsgebiet.

Energie   S. 36

Ohne Energie können wir nicht leben. Sie ist die treibende Kraft, wenn wir spielen, lernen, Sport treiben, toben … Wir bekommen unsere Energie durch unser Essen. Aber nicht alle Lebensmittel sind gleich gut geeignet. Nach einem gezuckerten Müsliriegel fühlen wir uns zwar schnell fit, denn der Riegel ist energiereich. Die Wirkung lässt aber bald nach. Außerdem ist zu viel Zucker nicht gut für die Gesundheit. Auch eine Banane ist sehr energiereich. Sie sättigt jedoch länger und enthält noch andere wertvolle Inhaltsstoffe.

Fahrgemeinschaft   S. 66

Wenn sich mehrere Menschen treffen, um mit einem Auto zusammen zur Arbeit (oder an einen anderen Ort) zu fahren, so bilden sie eine Fahrgemeinschaft. Dadurch werden weniger Autos gebraucht und weniger Schadstoffe ausgestoßen. Außerdem sparen die Leute Geld, weil weniger Benzin verbraucht wird.

Fernwanderweg   S. 54

Ein Fernwanderweg ist ein sehr langer Wanderweg, der durch mehrere Landschaften oder Regionen führt. Einen solchen Weg können die Wanderer nur in mehreren Etappen ablaufen. Dafür brauchen sie mehrere Tage. Damit sie sich nicht verlaufen, hat der Weg eine einheitliche Markierung.

Friedrich I.   S. 60

→ Barbarossa

Geländeprofil   S. 50

Ein Geländeprofil ist eine Abbildung (ein Diagramm), die zum einen eine Entfernung zeigt, zum anderen die jeweilige Höhe. Man kann sich das auch so vorstellen: Ein Modell der Erdoberfläche wird entlang einer Linie aufgeschnitten, wie eine Torte. An dieser Schnittlinie ist nun zu sehen, wo sich Täler und Berge befinden. Das Geländeprofil ist auch beim Wandern oder für Radtouren interessant. Es zeigt, dass in einer bestimmten Entfernung eine Steigung oder ein Gefälle kommt. Und man sieht, wie steil es auf- oder abwärts gehen wird.

Grundgesetz S. 68

Wie sollen die Menschen in Deutschland miteinander umgehen? Welche Rechte haben sie? Wie werden sie regiert? Was darf der Staat und was nicht? Die wichtigsten Regeln hierzu stehen im Grundgesetz für die Bundesrepublik Deutschland. An diese Regeln müssen sich alle Bürgerinnen und Bürger, aber auch Behörden, Gerichte und Unternehmen halten. Das Grundgesetz ist also das wichtigste Gesetz in Deutschland.

Gülle S. 85

Gülle besteht aus dem Urin und dem Kot von Rindern und Schweinen. Sie enthält Nährstoffe, die wichtig für das Wachstum von Pflanzen sind. Deshalb kann man mit Gülle Äcker und Wiesen düngen. Wird jedoch zu viel Gülle verteilt, schadet die Gülle der Umwelt.

Innenohr S. 30

Das Innenohr ist ein Teil des Ohres. Hier befinden sich das Gleichgewichtsorgan und die Hörschnecke. Das Gleichgewichtsorgan benötigen wir zum Beispiel, wenn wir von einem Stuhl aufstehen oder beim Balancieren. In der Hörschnecke werden die Schallwellen in elektrische Signale umgewandelt und an den Hörnerv und dann zum Gehirn weitergeleitet.

Insekten S. 15

Insekten sind an ihrem dreigeteilten Körper gut zu erkennen: Kopf, Brust und Hinterleib. Außerdem haben sie immer sechs Beine. Viele Insekten haben auch Flügel. Am Kopf befinden sich Fühler, die auch Antennen genannt werden. Der Körper der Insekten ist von einem Panzer umgeben. Von keiner Tierart gibt es mehr Arten – bei Insekten sind es mindestens eine Million.

Junker S. 63

Ursprünglich war ein Junker ein Adliger, der nicht zum Ritter geschlagen worden war. Später nannte man die Söhne der Adligen, die jungen Edelleute, so („junger Herr").

Jury S. 108

Welcher Teilnehmer oder Kandidat soll bei einem Wettbewerb einen Preis oder eine Auszeichnung erhalten? Dies zu entscheiden, ist Aufgabe einer Jury. Ein anderes Wort dafür ist „Preisgericht".

komponieren S. 26

Komponieren bedeutet, ein Musikstück zu erfinden. Ein Komponist denkt sich Musik aus und muss dabei viele Fragen beantworten, zum Beispiel: Welche Instrumente oder Stimmen sollen zu hören sein? Ist die Musik lustig, traurig oder verträumt, laut oder leise, schnell oder langsam?

Landgraf S. 52

Im Mittelalter und in den darauf folgenden Zeiten war der Landgraf ein hoher Adliger. Er verfügte über ein eigenes Herrschaftsgebiet. Bei schweren Straftaten hatte er auch das Amt eines Richters inne.

Landschaftspflege   S. 65

Menschen haben schon seit langer Zeit die Landschaften verändert. Wo einmal Wälder waren, entstanden zum Beispiel Wiesen mit Gräsern und Wiesenkräutern oder Heidelandschaften, wo Heidekräuter wachsen. Diese und andere Landschaften müssen gepflegt werden. Sonst würden sie nach einiger Zeit wieder mit Bäumen und Sträuchern zuwachsen. Landschaftspfleger sorgen dafür, dass die Vielfalt dieser unterschiedlichen Landschaften erhalten bleibt.

Landschaftsschutzgebiet   S. 56

Innerhalb eines → Naturparks gibt es oft Landschaftsschutzgebiete. Hier gelten strengere Schutzbedingungen als im gesamten Naturpark. Die Bundesländer legen fest, welche Gebiete sie zu Landschaftsschutzgebieten erklären. Gesetzliche Regelungen bestimmen, wie weit die Menschen hier Natur verändern dürfen. Es wird dabei bedacht, dass die Landschaft weiterhin ein Arbeits- und Lebensort für die Menschen ist, die Bauern dort umweltgerecht Nahrungsmittel produzieren, die Bevölkerung sich erholen kann, Tiere und Pflanzen ihren Lebensraum finden und zum Beispiel Vorkommen von Wasser, Kies oder Holz genutzt werden dürfen.

Membran   S. 31

Eine Membran ist ein dünnes Häutchen. Ein Beispiel dafür ist das Trommelfell. Es wird in Schwingungen versetzt, wenn Schallwellen darauf treffen. Auch in der Technik werden Membranen verwendet, zum Beispiel bei Lautsprechern. Dann sind sie aber aus Kunststoff oder Metall.

Mikwe   S. 58

Eine Mikwe ist ein Tauchbad für Menschen jüdischen Glaubens. Das Untertauchen dient aber nicht der Körperpflege, sondern soll Seele und Geist reinigen. Es gibt verschiedene Anlässe für den Besuch einer Mikwe, zum Beispiel bestimmte Feiertage, die Hochzeit oder die Geburt eines Kindes. Auch wer einen Toten berührt hat, muss sich in der Mikwe reinigen.

Nationalpark   S. 56

Ein Nationalpark ist ein großes Schutzgebiet, das eine Landschaft schützt. Die Natur bleibt sich selbst überlassen, der Mensch greift nicht ein. Es werden keine Bäume gefällt und umgestürzte Bäume bleiben liegen. So können zum Beispiel wieder Urwälder entstehen. Besucher sind in einem Nationalpark erlaubt. Sie dürfen aber zum Beispiel nur festgelegte Wege benutzen.

Naturpark   S. 56

Für das Anlegen eines Stadtparks haben Menschen ein Gebiet verändert. Sie pflanzten Grünflächen und Blumen an. Du kannst dort spazieren gehen, auf dem Spielplatz spielen und dich erholen. Aber es gibt eine Parkordnung, die das Verhalten in einem Park regelt. Ähnlich ist es mit Naturparks. Das sind Naturgebiete, die die Menschen über lange Zeit verändert haben. Solche Naturgebiete sollen in der heutigen Form bewahrt werden. Deshalb stehen sie unter Schutz und es wird vorgeschrieben, was dort erlaubt oder nicht erlaubt ist. Ein Naturpark dient vor allem dem Tourismus.

Naturschutzgebiet S. 56

Ein Naturschutzgebiet ist ein Gebiet, in dem die Landschaft, die Tiere und die Pflanzen streng geschützt sind. Die Natur in diesem Gebiet soll so erhalten bleiben, wie sie ist. Deshalb ist alles verboten, was zu Störungen, Beschädigungen oder Veränderungen führen kann. Es dürfen zum Beispiel keine Pflanzen gepflückt werden, man muss auf den Wegen bleiben und das Entfachen von Feuer ist verboten. Im Naturschutzgebiet darf keine Landwirtschaft betrieben werden.

Nebenfluss S. 82

Ein Nebenfluss ist ein Fluss, der in einen anderen Fluss mündet. Der Hauptfluss behält dabei meistens seinen Namen.

Neues Testament S. 63

Das Neue Testament bildet zusammen mit dem Alten Testament die Bibel. Die Bibel ist das heilige Buch der Christen. Das Neue Testament besteht aus 27 Schriften, die von Jesus Christus und seinen Anhängern berichten.

Öffentliche Verkehrsmittel S. 66

Öffentliche Verkehrsmittel können von allen genutzt werden. Mit ihnen werden Personen und Güter transportiert. Beispiele für öffentliche Verkehrsmittel sind Busse, Taxis, Bahnen und Fähren. Man kann bei den Verkehrsmitteln noch weiter unterscheiden. Zum Beispiel, ob sie weite oder kurze Strecken fahren oder ob nur Personen oder nur Güter transportiert werden. Als öffentlichen Personennahverkehr (ÖPNV) werden zum Beispiel die U-Bahnen, Straßenbahnen und Linienbusse in einer Stadt bezeichnet.

Park-&-Ride-Angebote S. 66

Park & Ride (auch P & R oder P + R) bedeutet „Parken und Fahren": In der Nähe eines Bahnhofs oder einer Haltestelle gibt es einen Parkplatz. Dort können die Leute ihr Auto abstellen, um dann mit der Bahn oder dem Bus weiterzufahren. P & R sorgt so dafür, dass weniger Autos in die Innenstädte fahren. Für P & R-Parkplätze gibt es ein eigenes Verkehrszeichen.

Praktischer Beruf S. 11

Praktische Berufe sind alle Berufe, in denen die Menschen etwas selbst herstellen oder anwenden. Meistens ist dies mit körperlicher Arbeit verbunden. Am Ende der Arbeit haben die Menschen mit eigenen Händen etwas Neues geschaffen.

Partei S. 69

Menschen, die ähnliche Meinungen haben oder ähnliche Ziele verfolgen, können einer politischen Partei beitreten oder eine Partei gründen. Bei Wahlen will jede Partei möglichst viele Stimmen erhalten. Denn dann hat sie im Parlament einen größeren Einfluss.

Rente S. 23

Ab einem bestimmten Alter bekommen Menschen Geld, auch wenn sie nicht mehr arbeiten. Dieses Geld ist die Rente. Dazu zahlen fast alle Menschen, die berufstätig sind, einen Teil von ihrem Lohn oder Gehalt in die Rentenkasse ein. Aus dieser Kasse kommt dann das Geld für die Rentner. Es ist deshalb gut, wenn möglichst viele Menschen in die Kasse einzahlen.

Samen   S. 16

Um sich zu vermehren und zu verbreiten, bilden Pflanzen Früchte. In den Früchten befinden sich Samen. Diese werden zum Beispiel vom Wind, durch Wasser oder von Tieren verbreitet. Aus den Samen wächst später ein Keimling, aus dem dann eine neue Pflanze wird.

Sucht, süchtig   S. 37

Wer viel Alkohol trinkt, gerät in einen Rausch. Manchen Menschen gefällt dieser Rausch so gut, dass sie ihn immer wieder erleben wollen. Sie wollen ständig Alkohol trinken, obwohl sie wissen, dass das schädlich für sie ist. Diese Menschen sind süchtig. Man sagt auch „abhängig". Viele Dinge können süchtig machen, zum Beispiel Rauschgifte, wie Kokain oder Heroin, Tabak, und manche Medikamente. Auch wer so oft und so lange am Computer spielt, dass er nicht mehr genug Schlaf bekommt und seinen Alltag nicht mehr bewältigen kann, ist süchtig. Eine Sucht ist eine Krankheit, die behandelt werden muss.

Synagoge   S. 58

Eine Synagoge ist ein jüdisches Gotteshaus. Die Menschen beten darin und nehmen an Gottesdiensten teil. Eine Synagoge ist aber nicht nur ein Haus des Gebets und der Versammlung, sondern auch ein Haus des Lernens. Deshalb gibt es hier zum Beispiel eine Bibliothek. Die jüdischen Kinder lernen in der Synagoge Hebräisch. Sie müssen diese Sprache kennen, um die jüdische Bibel lesen und die Gebete sprechen zu können.

Tafel-Laden   S. 28

Bedürftige Menschen können in Tafel-Läden Lebensmittel bekommen, für die sie nichts oder nur wenig bezahlen müssen. In den „Tafeln" sind ehrenamtliche Helfer tätig. Sie sammeln die Lebensmittel zum Beispiel in Supermärkten ein, wo sie sonst weggeworfen würden, weil sie nicht mehr frisch genug sind. Sie sind aber eigentlich einwandfrei und essbar.

Thesen   S. 60

Eine These ist eine Behauptung. Sie kann wahr oder falsch sein, denn sie muss erst noch geprüft und bewiesen werden. Zum Beispiel: „Sachunterricht macht den Kindern mehr Spaß als Mathe." Darüber kann man nun diskutieren und überlegen, wie der Satz bewiesen oder widerlegt werden könnte.

Topograf   S. 55

Wie sieht die Erdoberfläche an einem Ort oder in einem Gebiet aus? Ein Topograf versucht, dies möglichst genau zu beschreiben. Er stellt viele Messungen an und zeichnet einen Geländeplan, in den er die Höhen sowie Gewässer, Wälder und Bauwerke einträgt. Um eine größere Übersicht zu erhalten, werden Landkarten (topografische Karten) angefertigt.

Tradition   S. 52

Silvester werden Knaller gezündet, Ostern Eier gefärbt und zum Geburtstag darf man sich etwas wünschen … Dies sind Beispiele für Traditionen. Man kann also sagen, eine Tradition ist ein Brauch oder eine Gewohnheit.

UNICEF   S. 25

UNICEF ist das „Kinderhilfswerk der Vereinten Nationen" (auf Englisch: „United Nations Children's Emergency Fund"). Es hilft Kindern auf der ganzen

Welt, wenn sie in Not sind, und unterstützt auch deren Eltern. In den armen Ländern gibt es zum Beispiel oft nicht genug Lebensmittel und Medikamente. Außerdem baut UNICEF Krankenstationen und Schulen, bildet Lehrer aus und beschafft Bücher, Hefte und Stifte. Das Kinderhilfswerk kümmert sich um Flüchtlingskinder und gibt Kindern, die als Soldaten kämpfen mussten, ein sicheres Zuhause.

vogelfrei   S. 63

Im Mittelalter gab es eine Strafe, die „Acht" oder „Reichsacht" hieß. Noch heute sprechen wir von einem „Geächteten". Wurde jemand mit der Acht bestraft (geächtet), so war er aus der Gemeinschaft ausgestoßen und hatte keine Rechte mehr – er war vogelfrei. Niemand durfte ihm Unterschlupf gewähren. Im Gegenteil: Wer einen Geächteten tötete, wurde nicht bestraft.

Wasserscheide   S. 55

Jeder Fluss fließt in einem bestimmten Gebiet (→ Einzugsgebiet). Die Grenze zwischen den Einzugsgebieten nennt man Wasserscheiden – „scheiden" bedeutet „trennen". So verläuft zum Beispiel über den Harz die Wasserscheide von Weser und Elbe.

Wasserturbine   S. 104

Eine Wasserturbine ist ein modernes Wasserrad aus Metall. Auch sie hat Schaufeln und dreht sich, wenn Wasser hindurchströmt. Die Drehbewegung wird genutzt, um elektrische Energie zu erzeugen. Es gibt auch Turbinen, die mit Gas betrieben werden.

Winterruhe   S. 16

Wildtiere, wie das Eichhörnchen, müssen sich an den Winter anpassen. Denn in dieser Jahreszeit finden sie nicht mehr so viel Nahrung und sie müssen sich vor der Kälte schützen. Das Eichhörnchen zieht sich dazu in sein Nest, den Kobel, zurück und hält Winterruhe. Dabei schlägt sein Herz langsamer und es atmet weniger. So spart es Energie. Zwischendurch wacht es aber auf und verlässt den Kobel, um zu fressen. Auch Maulwürfe. Dachse und Bären halten Winterruhe. Beim Winterschlaf hingegen wachen die Tiere (zum Beispiel Igel und Mäuse) auch kurz auf, nehmen aber keine Nahrung zu sich.

Zollstation   S. 54

Wenn im Mittelalter ein Kaufmann eine Ware transportierte, musste er an vielen Stellen dafür Geld bezahlen oder einen Teil seiner Ware abgeben. Er musste einen Zoll entrichten. Dies geschah zum Beispiel an Zollstationen, die mitten im Land liegen konnten. Es gab Wegezölle, Hafenzölle, Brückenzölle und einige weitere. Vor allem Adlige und Städte nahmen damit viel Geld ein. Auch heute gibt es noch Zölle zwischen verschiedenen Ländern.

Übersicht zur Lehrplanpassung für Lehrerinnen und Lehrer

Lernbereich	Seiten im Schülerbuch 4	Seiten im Arbeitsheft 4
Lebewesen und Lebensräume		
– Mensch	21–23, 35–46	12–13, 20–21, 22–23
– Tiere	14–17	6–7
– Lebensräume	13–20, 56–57, 79–86	8–11, 40–43
Natur und Technik		
– Wasser	97–106	48–49
– Schall	29–34	16–17
– Stoffe	20	18–19
Raum und Zeit		
– Individuum in Raum und Zeit	47–72, 87–96	24–37, 44–45, 46–47
– Schule als sozialer Lebensraum	5–12	2–5
– Heimat als regionaler Lebensraum	22–23, 25, 52–65	12–13
Individuum und Gesellschaft		
– Individuum in der öffentlichen Gemeinschaft	10–11, 18–19, 21–28, 66–69, 73–78	14–15, 38–39
– Individuum und Medien	107–112	50–53